اقتُبس هذا الكتاب عن الفيلم الكوميديّ الّذي تمّ انتاجه سنة 1980 "جنون الآلهة اقتضاءً !("The Gods must be Crazy)، حيث سقطت زجاجة كوكاكولا فارغة من طائرة على قبائل تعيش في الأدغال الإفريقيّة. وكانت الزجاجة بمثابة هديّة من الآلهة، ولكن بعد اندلاع القتال بين القرويّين، قررّ زعيم القبيلة إعادتها إلى الآلهة بالسفر إلى نهاية العالم. ومن خلال زجاجة الكوكاكولا ورمزيّتها بالنسبة لي، أستطيع أن أرى فجر الإمبراطوريّة الجديدة. إنّ هذا الكتاب هو بمثابة مُحاولة لإحياء الإمبراطوريّة الحاليّة (الرأسماليّة والشركات) قبل فوات الأوان

هذا الكتاب مُفيدٌ للجميع، أفرادًا ومُؤسّساتٍ !

د.مصطفى الكيلاني، جامعيّ ومفكّر
وروائيّ وناقد وشاعر من تونس

سعدتُ حقًّا بقراءة كتاب "جنون الآلهة اقتضاءً !، من مهد الشيوعيّة إلى نفق الرأسماليّة" للكاتب الأمريكيّ من أصل هنديّ "ساجي مادابات" Tiger Rider في نُسخته المُترجمة إلى العربيّة.

هو كتابٌ عميمُ الفائدة صاغه مُؤلّفه بأسلوب جميل اعتمد فيه تقنيةً شذريّةً مُتقنةً تُحيل إلى أوائل الحكمة وبدايات الفلسفة، فكان تصديرُ فصول الكتاب بجُمَل لـ"صن تزو". والفصول في تعاقُبها، تحليلٌ دقيق للوضع الّذي تمرّ به الولايات المتّحدة الامريكيّة من تراجع في القوّة الاقتصاديّة والعلميّة والتكنولوجيّة والتعليميّة أمام صعود قوّة الصين المُذْهلة في العقد الأخير. كما لهذه الفصول ثراؤها التوثيقيّ ووفرة معلوماتها الإحصائيّة المُحيَّنَة، وإلى ذلك خُطاطاتٌ (Schema) وظيفيّة وأفكار وآراء وانطباعات وأحاسيس: **كلّ مُتعدّد في واحد** بذائقةٍ في الكتابة لا تتوفّر إلاّ لدى من خَبِرَ الحياة واختصّ في حقل معرفيّ مُحدّد وميدان عمليّ في اتّجاه وتطلّعَ باستمرار إلى مُختلف المعارف والعُلوم في اتّجاه آخر، وبما لا يتعارضُ مع مجال الاختصاص (اختصاصه).

ذكاءٌ نادرٌ لافت للنظر لاحظناه في بنية هذا الكتاب: استدلال صن تزو مُقابل وصف وتحليل لوقائع.

وإلى ذلك **فيض مشاعر** تبدو في هذا الكتاب رغم صفته العلميّة الإجرائيّة، إذْ لكاتبه تشبّثٌ بالجذور الهنديّة ومحبّةٌ ووفاء للولايات المُتّحدة الأمريكيّة ودفاعٌ مُستميتٌ عنها وحنينٌ إلى أوْجِ مجْدها، وإلى زمن "روزفلت" الجميل في المقام الأوّل...

صلاة لاسترجاع "آل روزفلت"

"فجاء الى أورشليم. دخل المعبد وطرد الباعة والمُشترين، وقلب موائد الصيَارفة ومقاعد باعة الحمام. ولم يسمح لأيّ شخصٍ بنقل أيّةِ بضاعةٍ في المعبد. كان يُعلّمهم: "أليس ذلك مكتوبًا؟ إنّ بيتي هو بيتُ صلاةٍ لكلّ الأمم؟ لكنّكَ جعلته وكْر لصوصٍ". فسمعه كبار الكَهنة والكتبة وكانوا يبحثون عن طريق لإهْلاكه، لأنّهم خافوا منه ولأنّ كلّ الحُشود ذُهلت من تعاليمه (إنجيل مرقس، الأصحاح 11: 18-15)

هذا مخطوط "حيّ" وقابل للتطوّر بناءً على ملاحظاتك
(اتّصل بـ (www.epm-mavericks.com @ contact))

سيتمّ التبرّع بعائدات هذا الكتاب لـ"مهمّة الأمّ تيريزا التبشيريّة والخيريّة) أو مهمّة مماثلة أخرى.

"ما لم يكن هناك أمن هنا في الديار، لا يمكن أن يكون هناك سلام دائم في العالم."

فرانكلين ديلانو روزفيلت

بينما كنت أكتب هذه الكلمات، كانت هناك فوضى مُندلعة: حرب أهليّة دائرة أمام منزلي في قلب شيكاغو وذلك نقلاً عن مكالمة مُسجّلة من مجلس مدينة (بلديّة) شيكاغو، "إنّها منطقة حرب افتراضيّة" حيثُ يُهدّد أفراد العصابات المُسلحّين ببنادق من نوع "AK-47 " السود. "إنّهم يُطلقون النار على الشرطة ".

في هذه الأثناء وفي مكتب العُمْدة، تحوّلت مُناقشة الإستراتيجية المُتّبعة لمجلس المدينة والتي كانت تهدف إلى حلّ المشكلة، إلى معركة صُراخ مليئة بالألفاظ النابية تُذكّرنا بجمهوريّة "تشيراك"[1] أو "جمهوريّة الموز". [2] وأتساءل: ما الّذي يُخبّئه لنا المستقبل إذا كان من المُمْكن وضع ألواح لحماية [3] زُجاج نوافذ منزلي الّذي بُني منذ مائة عام؟ حتّى أحد الأبراج العاجيّة الأكثر روعة وإبداعًا في العالم (كالمقرّ الأخير لبريتانيكا)، والّذي تحميه ميليشيا خاصّة، يبدو أنّه غيرُ آمِنٍ.

لقد أخذتُ على عاتقي تعهّدًا عالميًا واحدًا مُشْتركًا ليكون نصيرًا وحاميًا، ليس فقط للولايات المتّحدة العزيزة، ولكن للإنسانيّة جمعاء. أعتقد أنّه من مسؤوليّتي الأخلاقيّة دعوة الآخر إلى إنشاء بنية تحتيّة تنبُّئيّة ووقائيّة ومُتجاوبة، قد تحمينا من التهديدات الوُجوديّة المُشْتَركة.

الفهرس

مقدّمة

صعود وشيك للمملكة الوسطى

فجر المملكة الوسطى

إنّ إمبراطوريّتنا في خطر ووجود شركاتها مُهَدّد أيضا. وإذا لم نلعب أوراقنا بشكل صحيح، فإنّ الإمبراطوريّة الشرِهة التالية (المملكة الوسطى[4]) ستُرسل قريبًا أولادها في مُهمّة خاطفة لتحصيل الفواتير من الولايات المتّحدة وأكثر من مائة دولة أخرى، وكانت قد استعمرتها ماليّا منذ "التسونامي الاقتصاديّ" لسنة 2008.

جنون الآلهة اقتضاءً !

في القسم الأوّل من هذا الكتاب، سأقصّ عليكم حكاية رحلتي على ظهر نمر في حقول الواقع المُشوّهة ومهد الشيوعيّة في الشرق وُصولاً إلى نفق الرأسماليّة في الغرب، وقد تمّ تصوير هذا المشهد على خلفيّة كتاب "هيرناندو دي سوتو": لغز رأس المال: لماذا تنتصر الرأسماليّة في الغرب وتفشل في كلّ مكان آخر؟

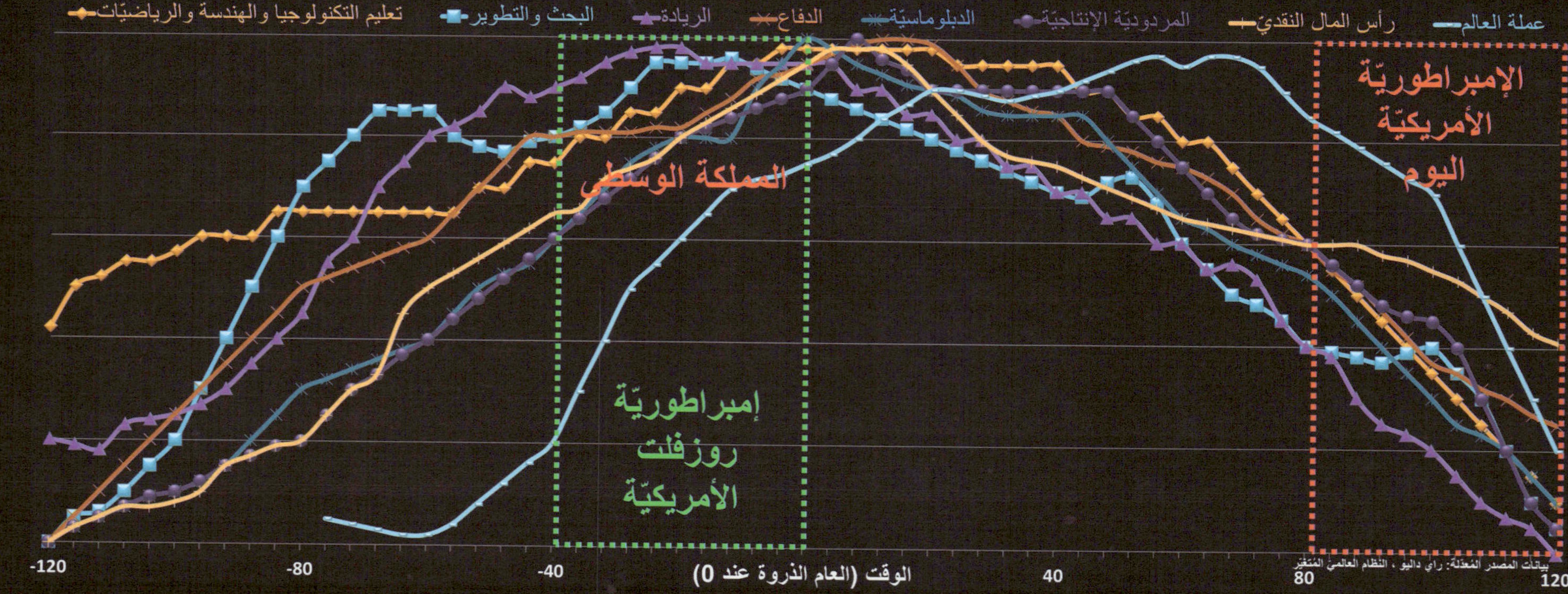

جنون الآلهة اقتضاءً!
الإجراءات المُتّبعة أثناء صعود وسقوط الإمبراطوريات
تعليم التكنولوجيا والهندسة والرياضيّات
البحث والتطوير
الريادة
الدفاع
الدبلوماسيّة
المردوديّة الإنتاجيّة
رأس المال النقديّ
عملة العالم
الإمبراطوريّة الأمريكيّة اليوم
المملكة الوسطى
إمبراطوريّة روزفلت الأمريكيّة
-120
-80
-40
الوقت (العام الذروة عند 0)
40
80
120
بيانات المصدر المُعدّلة: راي داليو ، النظام العالميّ المتغيّر

اقتراح لاسترجاع "آل روزفلت"

في القسم الثاني من هذا الكتاب، سأعدّل من وجهة نظر "العصر الطبيعيّ الجديد" للإمبراطوريّة والشركات، وذلك لشرح كيفيّة إنقاذنا من الرايخ الرابع[5] الوشيك. ويتشابك بقاء الشركات مع صعود لوبيّات العالم وإمبراطوريّاته وعرّابي الرعاية - كما شهدنا ذلك في القرون الخمسة الماضية، مع أكبر الشركات كشركات الهند الشرقيّة، الهولنديّة[6] والبريطانيّة.[7]

إنّني أحْفر قبر تأسيس الرأسماليّة وأقترح وصْفتي لإعادة "صفقة روزفلت الجديدة"[8] لتجنيبنا الرايخ الرابع .وأُدافع عن فرضيّتي القائلة بأنّ العديد من الشركات هي عبارة عن مجموعة من "ضفادع الهندسة الماليّة"، المُدْمنة على الديون والسابحة في "زيت الثعابين الفاتر"[9].

★ ★

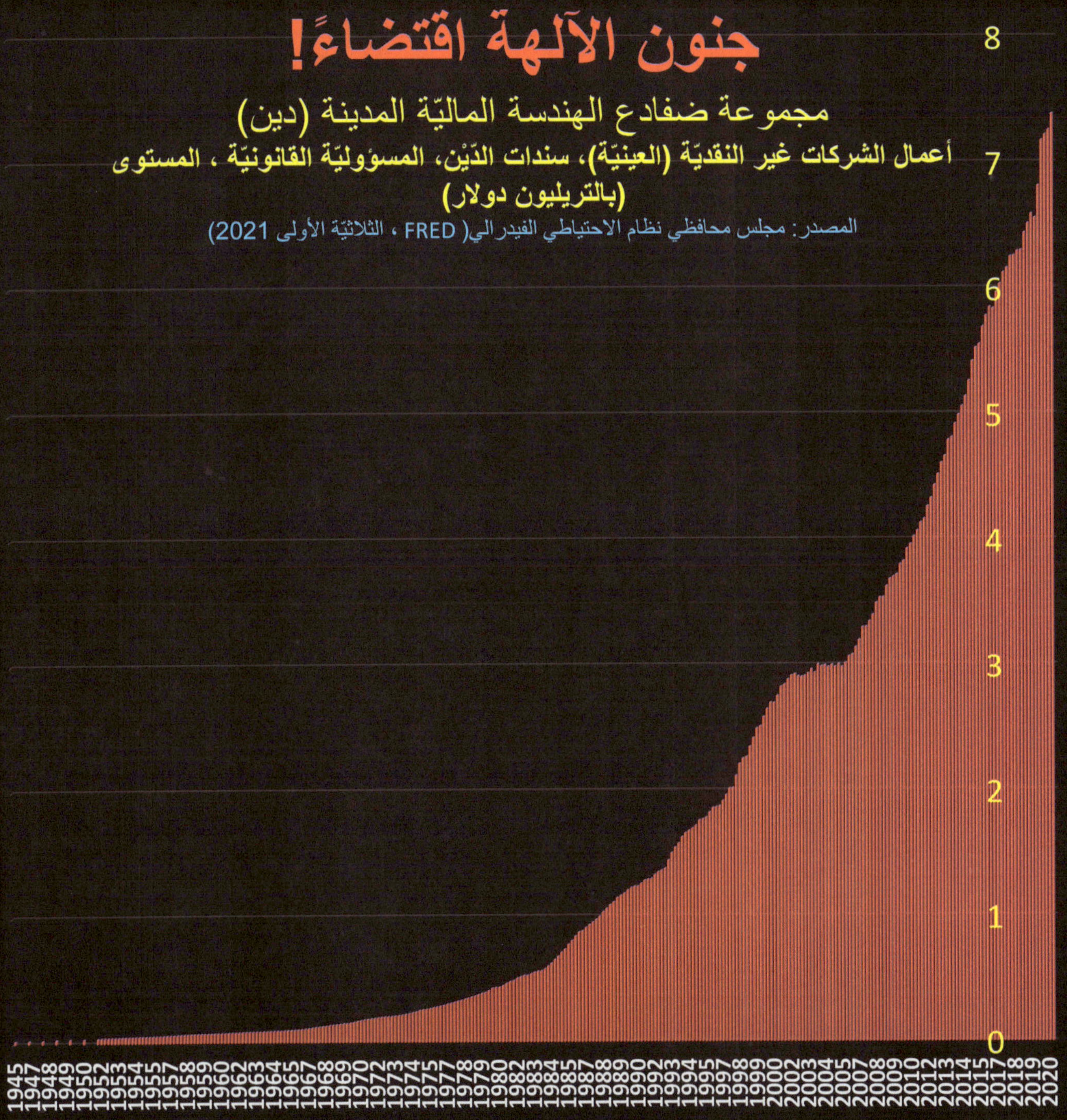

جنون الآلهة اقتضاءً!

مجموعة ضفادع الهندسة الماليّة المدينة (دين)

أعمال الشركات غير النقديّة (العينيّة)، سندات الدّيْن، المسؤوليّة القانونيّة ، المستوى (بالتريليون دولار)

المصدر: مجلس محافظي نظام الاحتياطي الفيدرالي(FRED ، الثلاثيّة الأولى 2021)

عندما ينحسر المدّ، ستواجه العديد من هذه الشركات مصيرها الدنيء على أيدي نسور الملكيّة الفكريّة الصّينيّين، كما هو مُوضّحٌ في الرسم البيانيّ أدناه:

جنون الآلهة اقتضاءً !
صعود وسقوط الإمبراطوريّة النموذجيّة

الهندسة المرنة

الاكتتاب (وول ستريت)
الجيل الثاني من رجال الأعمال
الجيل الأوّل من رجال الأعمال
رجال الأعمال

الهندسة الماليّة المفرطة

بيني وايز المحاسبة بالجنيه الأحمق
الدفع التنفيذيّ على المدى القصير
BIG4 مُستشارو
PRICE2/PMBOK/SCRUM
BPR
المعياريّة
بنشماركينغ
MFGعقد
تحويل
تسريح
العمّال

إدارة الجودة الشاملة /
ISO
خفض التكلفة (البحث والتطوير على وجه الخصوص)
سيكس سيغما
تعهيد العمليّات التجاريّة (BPO)
تسعير التحويل ، عمليات الاندماج العكسي ، إلخ.
إدارة سلسلة التوريد الفعالة من الناحية الضريبية
إعادة الهيكلة
المكسب السهل والثمار سهلة المنال
إعادة شراء الأسهم
الاستحواذ على الرفع المالي PE
الفصل 11

الزمن

النسور ذات السيادة (الصين)

Ay Yi Yai Yi! We are in the middle of The New World Order!

فجرُ المملكة الوُسْطى

"إنّ فنّ الحرب ذو أهميّة قُصْوى للدولة. مسألة حياة أو موت، طريق إمّا إلى الأمان أو إلى الخراب. ومن ثمّة، فهو موضوع استفسار لا يمكن إهماله بأيّ شكل من الأشكال."

فنّ الحرب لصن تزو (221-476 قبل الميلاد)

جنون الآلهة اقتضاءً !

تقدير متحفّظ للديون الصينيّة + حقوق الملكيّة

المصدر: China OVERSEAS LENDING ، Sebastian Horn و Carmen Reinhart ، Christoph Trebesch و (تقرير "كيل" رقم 2132)

In percent of recipient GDP

0 - 1%
1 - 5%
5 - 10%
10 - 20%
>20%
No Data

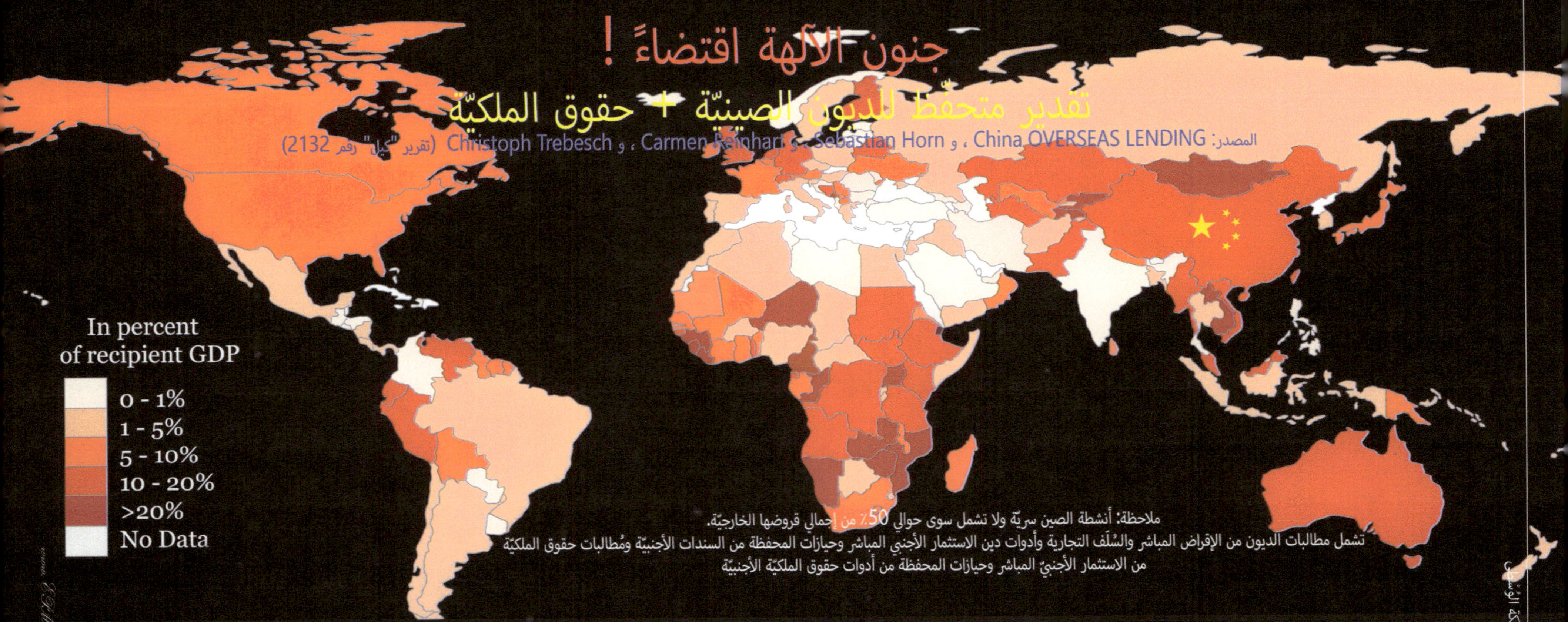

ملاحظة: أنشطة الصين سريّة ولا تشمل سوى حوالي 50٪ من إجمالي قروضها الخارجيّة.
تشمل مطالبات الديون من الإقراض المباشر والسُلف التجارية وأدوات دين الاستثمار الأجنبي المباشر وحيازات المحفظة من السندات الأجنبيّة ومُطالبات حقوق الملكيّة من الاستثمار الأجنبيّ المباشر وحيازات المحفظة من أدوات حقوق الملكيّة الأجنبيّة

تنتظر الصّين، أو المملكة الوسطى، بفارغ الصبر أن نُخطِئ في لعب أوراقنا الرابحة والبالية حتّى تتمكّن من إرْسال صائدي الجوائز لاستعادة علامات التبويب من الولايات المتّحدة وأكثر من مائة دولة أخرى[10].

وتحت رعاية حكوميّة، تستعمر الشركات الصينيّة العالمَ بفاعليّة قُصوى ومن خلال التأثير الماليّ على هذه البلدان بما لا يقلّ عن 10 تريليونات

دولار بعنوان "دبلوماسيّة فخّ الديون".[11] وتُعدّ الأجيال الجديدة من "مبادرة طريق الحزام والحرير" [12] وغيرها من المشاريع الضخمة للبنية التحتيّة ذات التكنولوجيا المُتطوّرة جدًا أمثلة رئيسة على "حصان طروادة الصينيّ للقرن الثاني والعشرين". وقد تُخفي بعض من دبلوماسيّات "فخّ الديون" "المُتطفّلة" وغير المُستدامة، هذه، دوافع هيمنة سيادة الدولة وتحدّياتها، التي دُحِرت بالجرّافات لدعم المصالح الجيو-استراتيجيّة للصّين وأهدافها العسْكريّة.

"مُقارنة بمكانة الصين البارزة في التجارة العالميّة، فإنّ دورها في التمويل العالميّ ضبابيّ... تُمثّل الصادرات الرأسماليّة الصينيّة قاعدة بيانات جديدة تضمّ *5000* قرض ومنحة لأكثر من *150* دولة، من *1949* إلى *2017*.

كما وجدنا أنّ *50*٪ من قروض الصّين للدول النامية لا يتمّ الإبلاغ عنه لدى صندوق النقد الدوليّ أو البنك الدوليّ. ومن شأن هذه "الديون الخفيّة" أن تُشوّه مُراقبة السياسات وتقدير المخاطر وتحاليل القُدْرة على تحمّل الديون. ونظرًا لأنّ القروض الخارجيّة للصين رسميّة بالكامل تقريبًا (تحت رقابة الدولة) ، فإنّ محرّكات "الدفع" و "الجذب" للتدفّقات الماليّة الخاصّة عبر الحدود لا تعمل بالطريقة نفسها".

معهد كيل للاقتصاد العالميّ (2020)

ووفقَ تقديرات تقريرKIEL ، واعتبارًا من سنة 2017، بلغ إجماليّ المُطالبات الماليّة للصين خارج حدودها أكثر من 8 ٪ من الناتج المحليّ الإجمالي العالميّ. ويمتلك الصينيّون سندات خزينة بقيمة 7٪ على الأقلّ من الناتج المحليّ الإجماليّ للولايات المتّحدة و 10٪ من الناتج المحليّ الإجماليّ الألمانيّ و 7٪ من الناتج المحليّ الإجماليّ للمملكة المتّحدة.

وفي الواقع، تتمتّع الصّين بموطئ قدم ضخم في منطقة اليورو ككلّ، حيث تصل قيمة سنداتها الماليّة إلى 7٪ من ناتجها المحلّيّ الإجماليّ (وهذا يعادل 850 مليار دولار أمريكيّ من السندات). ويمكن للصّين الاستفادة ممّا لا يقلّ عن 5 تريليون دولار من مطالبات الديون تُجاه بقيّة العالم. وقد وصلت حصّة البلدان المُتلقّية لـ"السخاء الماليّ الصينيّ" إلى 80٪ تقريبًا اعتبارًا من سنة 2017. إنّ هذه الزيادة الدراماتيكيّة غير المسبوقة في تاريخ زمن السِلْم، يُمكن مقارنتها بقروض الولايات المتّحدة الممنوحة للدول الأخرى في أعقاب الحرب العالميّة الأولى والحرب العالميّة الثانية.

ولسوء الحظّ، فإنّ هذه الأرقام "القديمة" لعام 2017 عفا عليها الزمن الآن، ولا سيّما بالنظر إلى الحالة الاقتصاديّة الراهنة لهذا العالم المنكوب بوباء كوفيد 19. فتأثير الجائحة على تسريع الاقراض والاستثمار الصينيّيْن جليٌّ لا محالة.

وفي ما مضى، كانت المؤسّسات الأمريكيّة كصندوق النقد الدوليّ والبنوك الدوليّة من أكبر المُقرضين في العالم. إذْ انتهجت طريقة إقراضهم سياسة الإفصاح الكامل، وكان لها مستوى معيّن من الشفافيّة والأخلاقيّات والاحترافيّة. وقد ساد ذبك، على وجه الخصوص، عند التفاوض مع الحكومات الفاسدة والميليشيّات في البلدان التّي تعاني نقصًا في الموارد.

وستُقْرض الدول الأعضاء في منظمّة التعاون الاقتصاديّ والتنمية (OECD) في كلّ من "نادي باريس "والمؤسّسات المرموقة الأخرى مثل صندوق النقد الدوليّ والبنك الدوليّ الأموال بشروط مُيسّرَة وطويلة المدى. كما تأخذ العديد من قروض "نادي باريس" شكل مساعدات تنمويّة رسميّة على النحو المُحدّد من قِبَل منظّمة التعاون الاقتصاديّ والتنمية ولها "عنصر منح" لا يقلّ عن 25٪. وغالبًا ما تتضمّن هذه القروض آجال سداد تصل إلى 30 عامًا. تقريبًا، كما لا وُجود لمخاطر على مستوى الأقساط.

ومن الجليّ أيضًا أنّ الصّين، على نطاق واسع، مُنْخرطة في صفقات سرّيّة مع هيئات حكوميّة أقلّ أخلاقيّة وميليشيّات في البلدان الّتي تعاني فعليّا من نقص في الموارد الماليّة. علاوة على ذلك، فَعَادَةً ما تُوزّع البنوك الحكوميّة الصينيّة الأموال مباشرة على المقاولين الصينيّين المسؤولين على المشاريع، بدلاً من الحكومة المُستفيدة.

وستظلّ هذا الدائرة مُغْلَقةً: استخدامٌ لشركات المقاولات الصينيّة مع العمالة والموادّ الصينية، ممّا يضمن فائدة أكبر للصّين وأقلّ للدولة المُقترضة. هذه التكتيكات المُخادعة والمُغْلقة هي شكل من أشكال "دبلوماسيّة فخّ الديون" الّتي يمكنها الاستيلاء بسرعة على ملكيّة الأصول التجاريّة. وهي بمثابة "حصان طروادة" صينيّ. إذِ اكتسبت الصّين من خلال ذلك نفوذًا فأضحى بإمكانها الاستمتاع بالاستعمار الماليّ، تاركةً المسؤوليّة لدافعي الضرائب في البلد المَدِين لدفع فاتورة باهظة، ولأجيال قادمة. وإنّ الخمسين دولة الأكثر مديونيّة، رهينة الصّين الآن، بإجماليّ قد يبلغ 40 ٪ من الديون الخارجيّة المُصرّح بها.

ويتحكّم الحزب الشيوعيّ الصينيّ الحاكم في الإقراض الرسميّ الصّينيّ. فيُوجّه ثُلثا نشاط الإقْراض، هذا، من خلال الشركات الأجنبيّة التابعة للبنوك الصّينيّة التابعة للمراكز الماليّة الخارجيّة. إلى جانب استحالة التعقّب، فإنّ هذه القروض مدعومة في الغالب بضمانات، ويتمّ إسنادُها بدرجة عالية جدّا من السريّة.

وإنّ جزءًا كبيرًا من القروض مُوجّه إلى البلدان الفقيرة من الناحية الماليّة و الغنيّة بالموارد الطبيعيّة الّتي تُديرها قيادات فاسدة وغير كُفْءة. فعلى هذا النحو، غالبًا ما يتمّ تأمين الفوائد وأقساط السداد الرئيسة مُقابل موارد تلك البلدان. وعلى عكس القروض النموذجيّة بين الحكومات، فإنّ هذه العقود هي قروض تجاريّة سريّة مصحوبة بشروط تحكيم. ونتيجة لذلك، فإنّ مبالغ السداد أو تفاصيل التخلّف عن السداد أو معلومات إعادة جدولة الديون موجودة خارج مسؤوليّة القطاع العموميّ.

وعلى سبيل المثال، أدّى ازدهار القروض المُجمّعة في السبعينات إلى موجة من الأزمات الماليّة في أوائل الثمانينات. آنذاك، وجهّت البنوك الغربيّة قدرًا كبيرًا من رأس المال الأجنبيّ إلى البلدان الفقيرة والغنيّة بمواردها الطبيعيّة في كلّ من إفريقيا وآسيا وأمريكا اللاتينيّة.

لقد استغرق الأمر أكثر من عقد لحلّ الأزمة الاقتصاديّة المُرتبطة بسلسلة التخلّف عن السداد السياديّ. وتتعرّض العديد من البلدان المعروفة بقياداتها الفاسدة والّتي تغيب فيها الشفافيّة والرقابة، إلى هجوم من قِبَل "أسماك القرش الصينيّة". كما تُصنّف على كونها بلدانًا فقيرة مُثْقلة بالديون، تخلّفت عن السداد حتّى قبل جائحة كورونا. ولا شك في أن البلدان الّتي تضررت بشدة من فيروس كوفيد -19، وتحديدا أمريكا اللاتينيّة والدول الإفريقيّة الأفقر، ستكافح أو ستفقد تمامًا قُدرتها على سداد قروضها للصّين. لقد أدّت الأزمة الاقتصاديّة إلى انهيار مُتسارع للسلع، كما تأثّر إنتاج الموارد. ومع عدم وجود أموال أو موارد، فإنّ المُستقبل الماليّ قاتم بالنسبة لتلك الدول التابعة اقتصاديًا للصّين. وسيكون من المثير للاهتمام أن نتساءل عن استراتيجيّة الاستعمار الجديد الصينيّة، إثر الجائحة.

جنون الآلهة اقتضاءً !

تقدير متحفّظ للقروض الصينيّة المُباشرة (2017)

المصدر: China OVERSEAS LENDING ، Sebastian Horn و ، Carmen Reinhart و ، Christoph Trebesch (تقرير "كيل" رقم 2132)

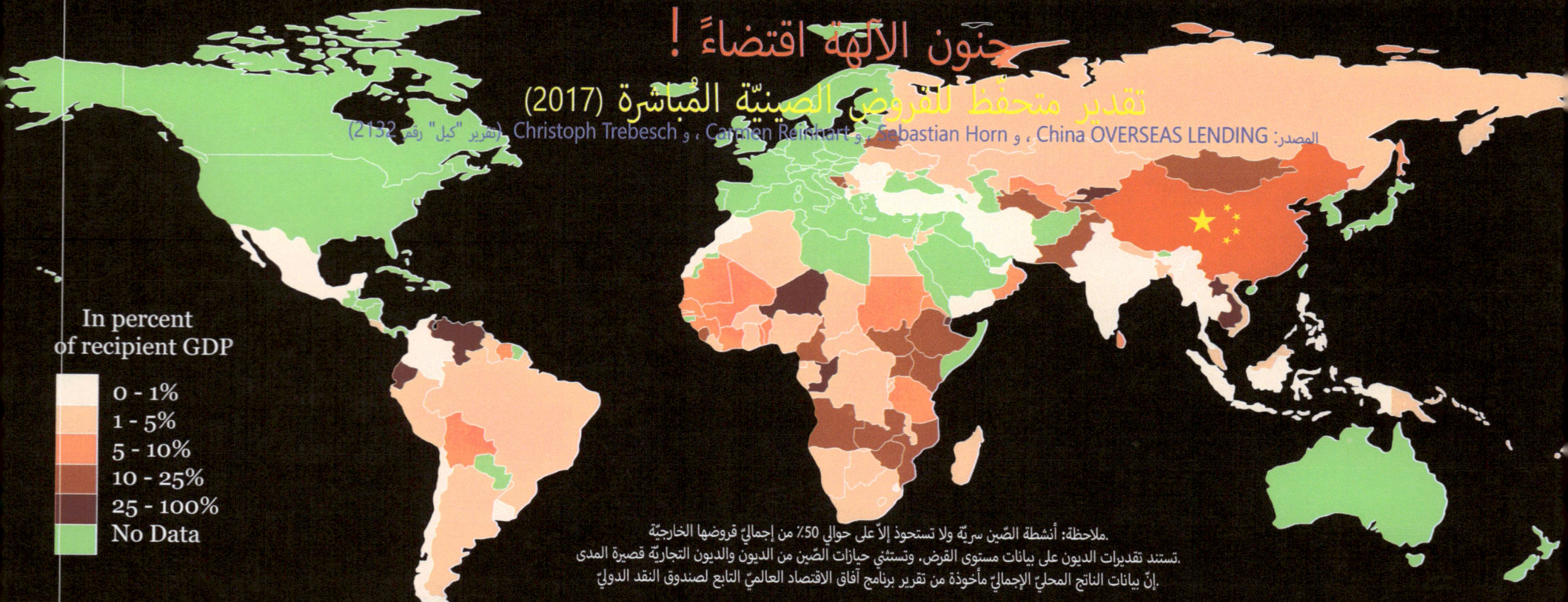

ملاحظة: أنشطة الصّين سريّة ولا تستحوذ إلاّ على حوالي 50٪ من إجماليّ قروضها الخارجيّة.
تستند تقديرات الديون على بيانات مستوى القرض. وتستثني حيازات الصّين من الديون والديون التجاريّة قصيرة المدى.
إنّ بيانات الناتج المحليّ الإجماليّ مأخوذة من تقرير برنامج آفاق الاقتصاد العالميّ التابع لصندوق النقد الدوليّ.

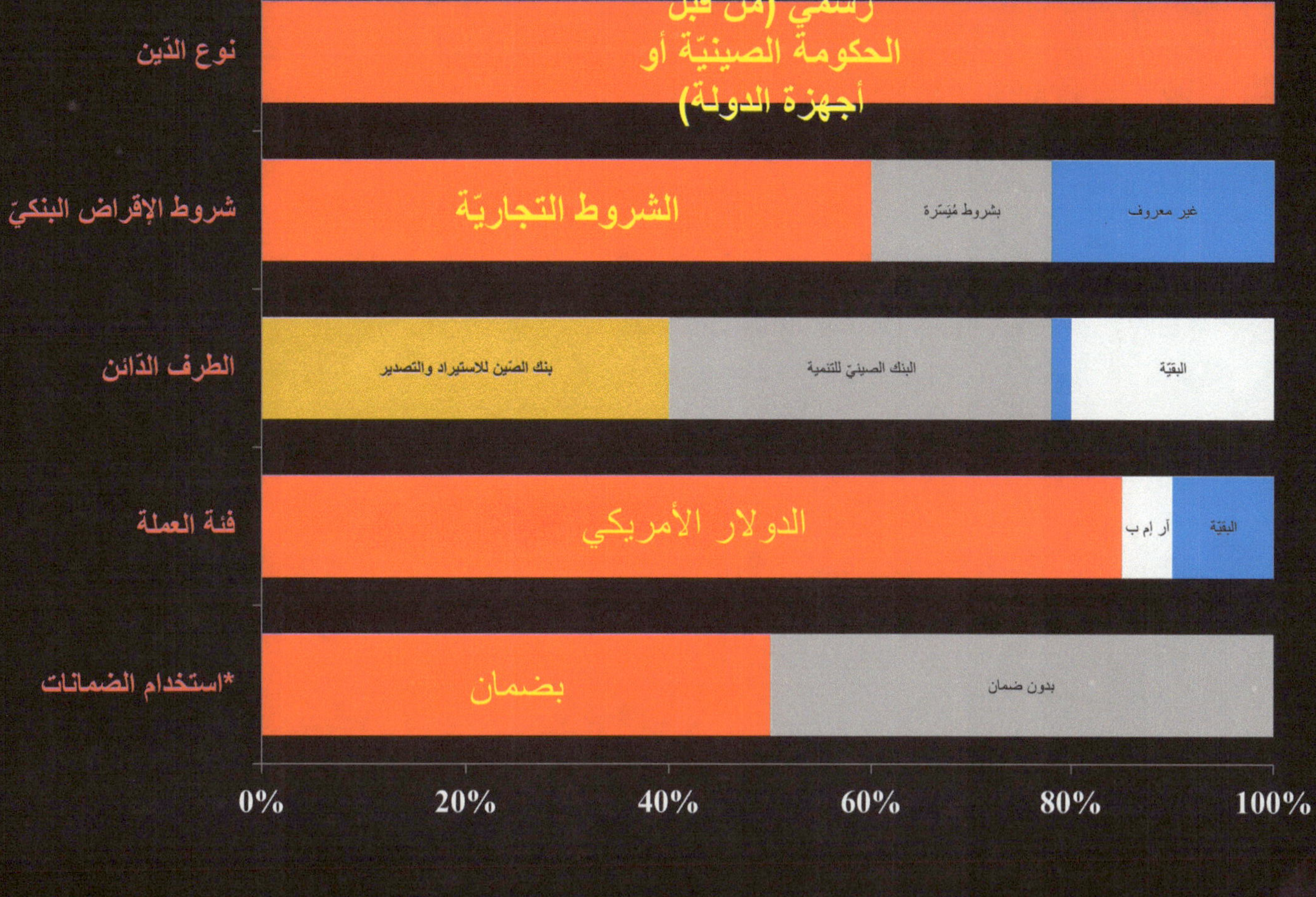

★★★★★★★★★★★★★★★★★★★★★★★★★★★★★★★★★★★★★★

فكيف ستستعيد قروض الرهن، المُوقّعة "تحت الطاولة" من قِبَل القيادات الفاسدة، الّتي استنزفت موارد بُلدانها؟

> "لا يهمّ إنْ كان القطّ أسْوَدَ أو أبيضَ، طالما أنّه قادر على اصطياد الفئران"
>
> دنغ شياو بينغ، القائد الأعلى للصّين ورئيسها (1978-1989)

إثر الحرب العالميّة الثانية في منتصف القرن العشرين، تبرّعت الولايات المتّحدة بحوالي أكثر من 100 مليار دولار (كان الناتج المحلّيّ الإجماليّ للولايات المتّحدة، آنذاك، يُناهز 258 مليار دولار) مُوزّعة بالتساوي بين المساعدات الاقتصاديّة والتكنولوجيّة للإسهام في تعافي البلدان الأوروبيّة. فازدهر العالم بأسره إثر اعتماده "خطّة مارشال"[13]، وقد ساد السلام والوئام لمدّة 75 عامًا. وحان الوقت الآن لقيادة التحالف لتأسيس "خطط مارشال جديدة" لإنقاذ البلدان الّتي استعمرتها الصّين اقتصاديًّا.

الاستعمارُ الرقميّ

على مدار الخمسة والسبعين عامًا الماضية، سيطرت مؤسّساتنا التكنولوجيّة في الولايات المتّحدة على جزء كبير من البنية التحتيّة الرقميّة العالميّة. وبالرغم من ذلك، طوّرت الصّين "مبادرة الحزام والطريق" (BRI) إلى "طريق الحرير الرقميّ"[14] (DSR)، فوقّعت الصّين اتفاقيّات في هذا المجال مع العديد من البلدان. وتُعدّ مشاريع البنية التحتيّة في هذه البلدان بمثابة سياسة تخريبيّة ستُمكّن "بكين" من تعزيز نفوذها في جميع أنحاء العالم -بلا مُنازع.

جنون الآلهة اقتضاءً !
استثمارات الأسهم الصينيّة (2017)
المصدر: China OVERSEAS LENDING ، و Sebastian Horn ، و Carmen Reinhart ، و Christoph Trebesch (تقرير "كيل" رقم 2132)
In percent
of recipient GDP
0 - 1%
1 - 3%
3 - 5%
5 - 10%
>10%
No Data
ملاحظة: يُوضّح هذا الرسم التوزيع الجغرافيّ لاستثمارات الأسهم الصينيّة، الّتي تتكوّن من استثمارات أجنبيّة مباشرة وممتلكات المحفظة الصينيّة من أدوات حقوق الملكيّة الصادرة عن الأجانب غير المقيمين.
المصادر: American Enterprise Institute and IMF Coordinated Portfolio Investment Survey (CIPS).

إنّها سياسة رقميّةٌ تعتمدُها شركاتُ التكنولوجيا الصينيّة لنسْفِ المؤسّسات الغربيّة. فالشركاتُ المُصنّعة لمعدّات الاتّصالات الصينيّة، والبنية التحتيّة للتخزين، وشركات مراكز البيانات تُمسك الآن بزمام الأمور. وستوفّر"طريق الحرير الرقميّ DSR " أيضًا ممرّات اقتصاديّة ورقميّة لتفسير عمليّات تصدير أجهزة استشعار المدينة الذكيّة ومنصّات البيانات، والّتي من الممكن أن تُشكّل تهديدات مُحتملة للأمن القوميّ. وهناك أربعة عناصر أساسيّة لسياسة "طريق الحرير الرقميّ (DSR)" الصينيّة:

1. البُنى التحتيّة الرقميّة كمراكز البيانات وكابلات الألياف الضوئيّة الّتي تُتيح منصّات التكنولوجيا المُستقبليّة مثل إنترنت الأشياء IoT و جيليْ الأتّصالات5G و 6G
2. المؤسّسات الدوليّة الّتي تضع المعايير والقواعد واللّوائح الخاصّة بالتكنولوجيا الناشئة.
3. التركيز على التقنيات المُرتبطة بالتجارة الإلكترونيّة مثل أنظمة الدفع الإلكترونيّة والعُملات المشفّرة ومناطق التجارة الحرّة الرقميّة.
4. الإستراتيجيّة الصينيّة لـ"جعل المملكة الوسطى عظيمة مرّة أخرى" كجزء من مبادرة "صُنع في الصّين 2025". ولتحقيق هذا الهدف، استثمر الصينيّون بكثافة في "خطّة الألف موهبة" [15] (وإعادة المُغتربين ذوي الخبرات التقنيّة العالية[16]).

جنون الآلهة اقتضاءً!
الاستراتيجيّة الاستثماريّة الصينيّة
المصدر: China OVERSEAS LENDING و Sebastian Horn ، و Carmen
Reinhart، و Christoph Trebesch (KIEL WORKING PAPER رقم 2132)
100
80
60
40
20
0
النسبة المئويّة
استثمارات الأسهم
ديون المحفظة (مشتريات مُلزمة)
قروض مباشرة
استثمارات الأسهم
قروض مباشرة
استثمارات الأسهم
قروض مباشرة
استثمارات الأسهم (الاستثمار الأجنبيّ المباشر وتداول الأسهم)
الديون التجاريّة قصيرة الأجل
ديون المحفظة (مشتريات مُلزمة)
الاقتصادات المتطوّرة
الاقتصادات الناشئة
البلدان ذات الدخل المُتدنّي

بصمة الصّين في البنية التحتيّة العالميّة

وتقوم المؤسّسات الماليّة شبه الصّينيّة المُموّلة من الدولة كـ"هواوي" Huawei و"زت إي" ZTE[17] ببناء معظم البنية التحتيّة الرقميّة في إفريقيا. كما أصبحت كابلات الألياف الضوئيّة التابعة لها العمود الفقريّ للاتّصال الرقميّ في آسيا الوسطى. وستمنح "طريق الحرير الرقميّ DSR" الحزب الشيوعيّ الصينيّ (CCP) نفوذًا على شاكلة مُساومات على مستوى المعلومات والبيانات(kompromat) [18] للتلاعب بالقادة والمؤسّسات الدوليّة الهامّة، والّتي يتمّ تحقيقها من خلال الوصول إلى البيانات الحسّاسة عبر تحاليل البيانات الجوهريّة.

وستمنح بنية الحزب الشيوعيّ الصّينيّ، هذه، مجالًا واسعًا من النفوذ السياسيّ. وبالتالي سيضع الصينيّون القواعد والمعايير لتنفيذ إيديولوجيّاتهم السياسيّة والاستبداديّة من غير التطرّق إلى مشاكل البلد المَدين وسكّانه وسيادته.

كما تُستخدم التكنولوجيا الصّينيّة للتعدّي على خصوصيّة الأفراد والجماعات. ونذكر منها على سبيل المثال لا الحصر، تكنولوجيا التعرّف على الوجه والتجسّس الإلكترونيّ على المواطنين[19] وضبط تحرّكاتهم على نطاق واسع وفي جميع أنحاء العالم.

وتُتيح "طريق الحرير الرقميّ DSR " إلى جانب التجارة الإلكترونيّة الصينيّة، التطبيب عن بعد وتمويل الإنترنت والمُدن الذكيّة. والأكثر إثارة للقلق هو أنّ "طريق الحرير الرقميّ DSR " الّذي تُسيطر عليه الدولة بمقدوره التلاعب ببيانات المُواطنين في تلك الدول المُستعمرة اقتصاديًا و استراقها من خلال أنظمة الحوْسبة الكموميّة والذكاء الاصطناعيّ وغيرها من التقنيات المتطوّرة المُستخدمة [20] . إذْ بالإمكان استعمال هذه المعلومات لصالح الصّين، وليس لصالح تلك الشعوب.

"ألا تفهم؟ يقول رأس المال المُجازف *VC* ، "ابتعدْ، ارْحلْ" إنّها "النهاية" لجميع البيض في الهند-الصينيّة. وإذا كنت فرنسيًّا أو أمريكيًّا، فالمُحصّل هو ذاته " ارْحل." يُريدون نسيانك" أُنظرْ ، كابتن. أُنظرْ، إنّها الحقيقة. إنها بيضة (كسَرها ، ثمّ استخرج منها البياض) "اليسار الأبيض"، لكنّ الأصفر باقٍ "!

المُستعمر الفرنسيّ، "نهاية العالم، اليوم"
(فلم لفرانسيس فورد كوبولا، 1979)

التنافسيّة

يحمل "طريق الحرير الجديد" في طيّاته الهدف الأساسيّ من توسيع مجال نفوذه واستثماراته في آسيا، وذلك من خلال تطوير البنية التحتيّة وانتهاج سياسة "حزام واحد ، طريق واحد(OBOR) " وتدخّل مؤسّسات كـ "البنك الآسْياويّ للاستثمار في البنية التحتيّة (AIIB) ". وإلى ذلك يحظَى بنك AIIB الصينيّ بأعلى تصنيف ائتمانيّ من بين أكبر ثلاثة وكالات للتصنيف الائتمانيّ في العالم.[21]

لقد كان الاستثمار الأوّلي عامَ 2015 لهذه المؤسّسة الّتي تتّخذ من بكين مقرًا لها، يعادل على الأقل ثُلثَيْ رأس مال بنك التنمية الآسياويّ. ويبلغ الاستثمار الأوّليّ للبنك الآسياويّ للاستثمار في البنية التحتية حواليْ نصف استثمارات البنك الدوليّ. إنّه تهديد مباشر للأسس الّتي وضعها الأمريكيّون عند تأسيس البنك وصندوق النقد الدوليّيْن. وفي سنة 1960، شكّل الاقتصاد الأمريكيّ حوالي 40٪ من الناتج المحلّيّ الإجماليّ العالميّ. أمّا الآن، فهو أقلّ من 15٪ مُقارنةً بـ"تعادل القوّة الشرائيّة"(PPP) وفقًا لتقديرات صندوق النقد الدوليّ لعام 2020. وفي الوقت ذاته، يبلغ الناتج المحلّيّ الإجماليّ للصّين مقارنة بنسبة تعادل القدرة الشرائيّة 20٪. وهو في ارتفاع متواصل[22] . كما تضاعف الناتج المحلّيّ الإجماليّ للصّين إلى حوالي خمسة عشر ضعف حجمه، على مدار الثلاثين عامًا الماضية. في المُقابل، تضاعف الناتج المحلّيّ الإجماليّ للولايات المُتّحدة مرّة واحدةً فقط. ففي غضون ذلك، ارتفعت الديون المحليّة غير الماليّة للولايات المُتّحدة كثيرًا. ويبلغ هذا الرقم حاليًّا 80 تريليون دولار، في حين أنّ الميزانيّة العموميّة الفيدراليّة الأمريكيّة تتضمّن الآن 7 تريليونات دولار من الديون غير المُستدامة.

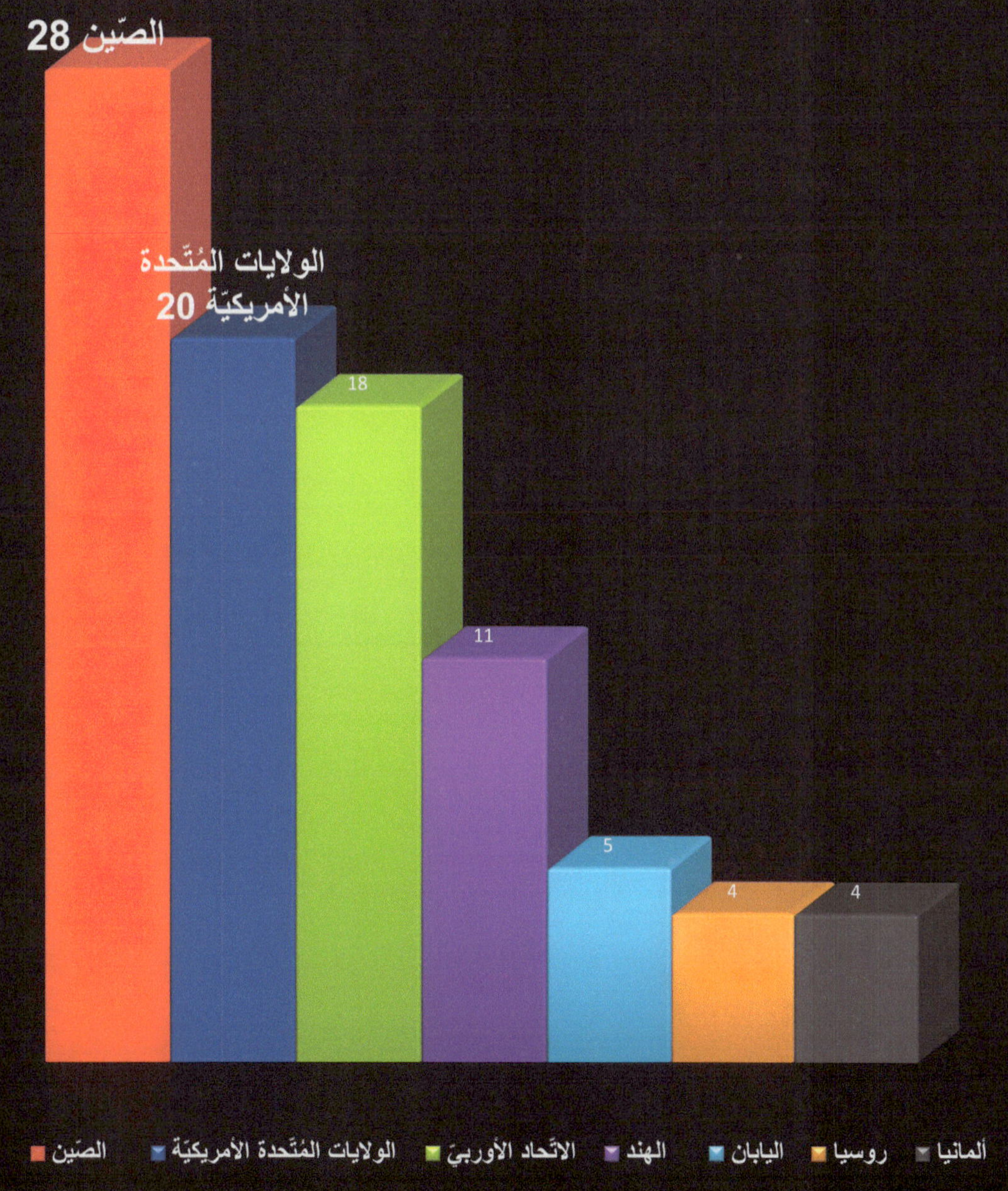
الصّين 28
الولايات المُتّحدة
الأمريكيّة 20
18
11
5
4
4
الصّين
الولايات المُتّحدة الأمريكيّة
الاتّحاد الأوربيّ
الهند
اليابان
روسيا
ألمانيا

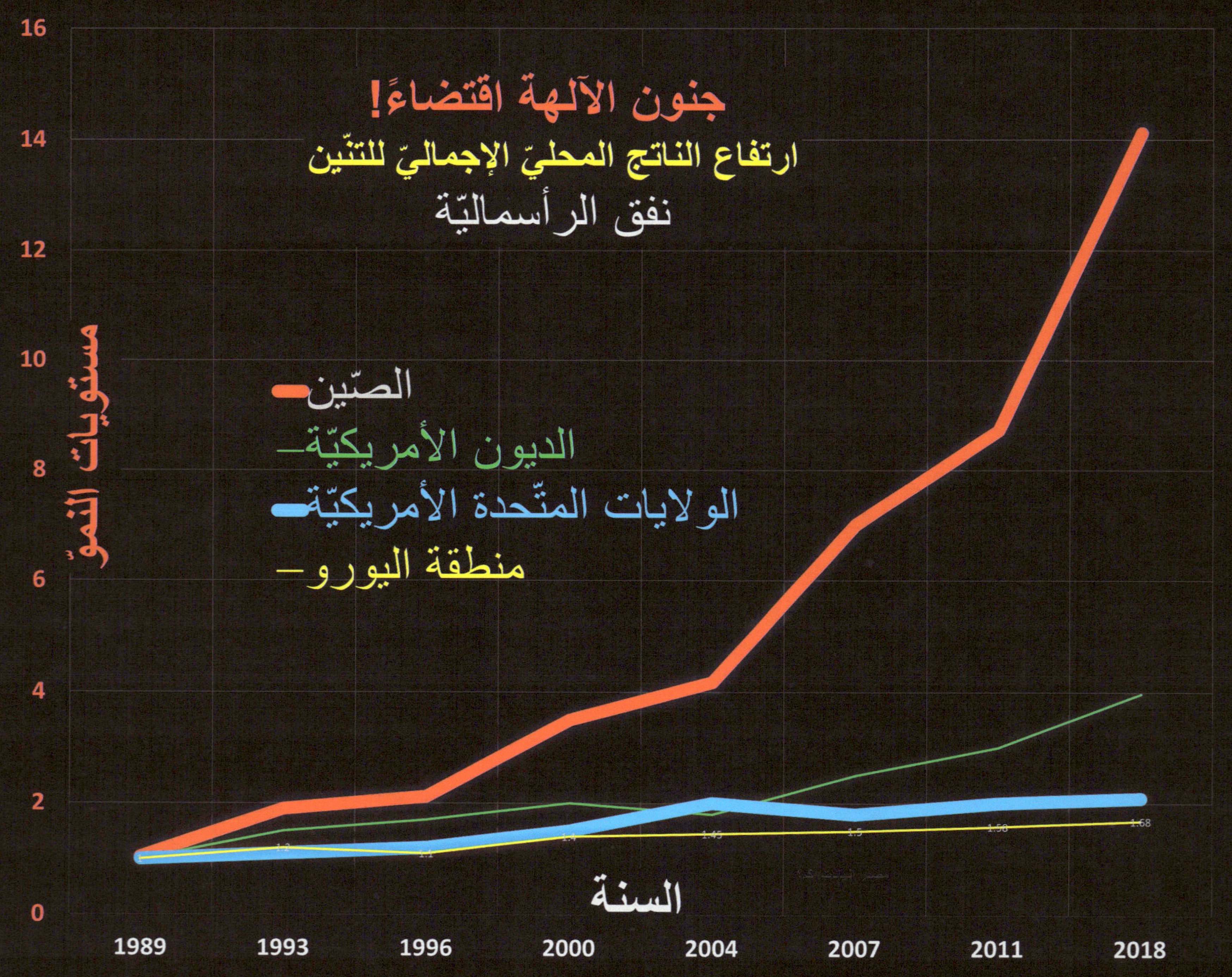

جنون الآلهة اقتضاءً!
ارتفاع الناتج المحليّ الإجماليّ للتنّين
نفق الرأسماليّة
الصّين
الديون الأمريكيّة
الولايات المتّحدة الأمريكيّة
منطقة اليورو
مستويات النموّ
السنة
0
2
4
6
8
10
12
14
16
1989
1993
1996
2000
2004
2007
2011
2018
1.2
1.1
1.4
1.45
1.5
1.58
1.68

فهناك بالفعل إحباط كبير ارتبط بتنفيذ الحجر الصحّي "المُثير للشفقة"، كأحد تدابير احتواء جائحة كورونا. وممّا زاد الطّين بلّة، أنّ أحد التبعات الماليّة لفيروس كورونا هو تسريع نقل الثروة إلى قمّة الهرم. وقد يؤدّي هذا الانهيار في "الملاءة الماليّة العالميّة" إلى أعمال شغب وفوضى لا يمكن تصوّرها، وهو ما شاهَدْتُه شخصيًّا أمام منزلي في "شيكاغو" وما أشعل فتيل حروب أهليّة في جميع أنحاء العالم. كما يُمكن أن تصبح هذه الأحداث العالميّة أكثر راديكاليّة ممّا شهدناه في الأسابيع القليلة الماضية (مايو - يونيو 2020)، وقد يكون لها في النهاية تأثير عميق على أسس الشركات في جميع أنحاء العالم. وفي الوقت ذاته، تتفوّق الشركات الصّينيّة على "الحرّاس الغربيّين القُدامى".

الأمنُ القوميّ

خلال سنة 2017، كنّا نُبدّد الأموال على المعدّات العسْكريّة الّتي تعود إلى عصور ما قبل التاريخ، والعمالة باهظة الثمن، بينما كان الجيش الصينيّ يُنفق 87٪ فقط من ميزانيّة الدفاع الأمريكيّة[23] مُنتهجًا بحِكمة إستراتيجيّة تهدف إلى إقصائنا في أقرب وقت مُمْكن، بدءًا من الفناء الخلفيّ في منطقة آسيا والمحيط الهادي. ولدى الصّين أكثر من مليوني فرد في العمالة النشيطة (مقابل مليون واحد في الولايات المتّحدة) ، وثمانية ملايين فرد احتياطيّ (مقابل 800 ألف في الولايات المتّحدة) ، وأكثر من 385 مليون جنديّ إضافي مُؤهّلين (مقابل 73 مليونًا في الولايات المتّحدة). بينما درس الصينيّون بذكاء جميع جوانب الولايات المتّحدة، في حين يجهل المواطنون الأمريكيّون في الغالب العالم من خارج حدود بلادهم والمطارات والأماكن السياحيّة الفاخرة. وإذا سكّان الولايات المتّحدة مُعرَّضون دائما للوقوع في شَرَك داخل برج عاجيّ مُغْلق ومناطق خضراء بأسوار شديدة التحصين: "عظيم، عظيم، كبير، سور[24] جميل[25]".

إنّ نظام الرعاية الصِحّيّة في الولايات المتّحدة غير سليم بالمرّة، وهو الأوّل في تبذير مصاريف الرعاية الصحّيّة (حوالي 5 تريليون دولار سنويًّا) في العالم. إذْ يُدار القطاع من قِبَل عصابة من "لوبيّات الفساد الطِبّيّة"[26] . ولم تنفق عصابات قطاع الصيدليّات والرعاية الصحّيّة سوى خمسة بليون دولار منذ عام 1998. وإلى ذلك كشفت جائحة كورونا، أنّنا بموجب قانون الإنتاج الدفاعيّ، رهائن للصّين بسبب أقنعة الـM3 ومُعدّات الحماية الشخصيّة الأساسيّة (PPE).

في الولايات المتّحدة ، 90٪ من جميع الوصفات الطبيّة مليئة بالأدوية الجنيسة. كما يتمّ إنتاج واحد من كلّ ثلاثة أقراص مُستهلكة في الولايات المتّحدة من قِبَل شركة تصنيع الأدوية الجنيسة الهنديّة. وتتحصّل الهند على حوالي 68٪ من مكوّناتها الصيدلانيّة (APIs) من الصّين"

دراسة أُجريت في أفريل 2020 من قبل كيه بي إم جي KPMG واتّحاد الصناعة الهنديّ (CII)

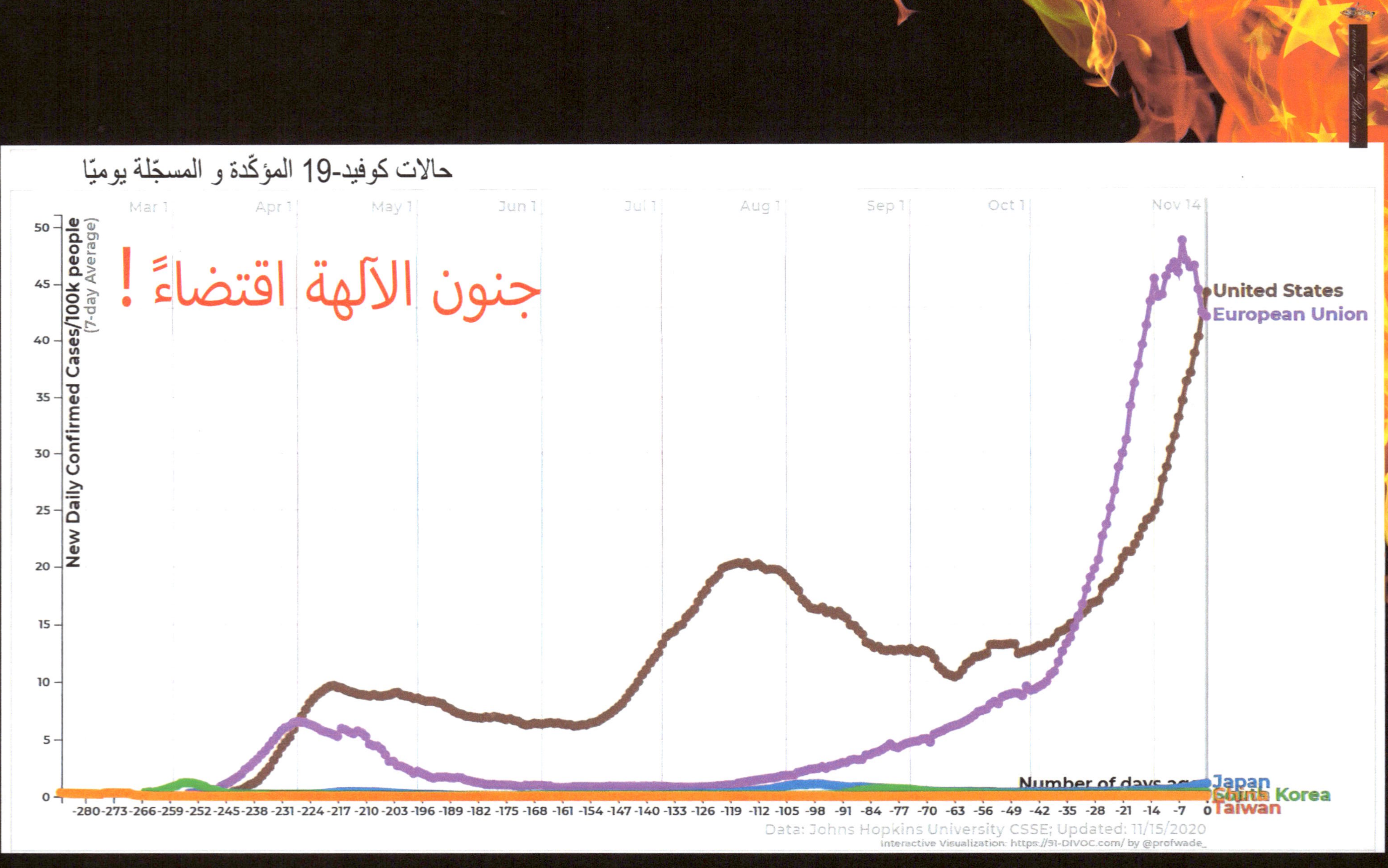

www.Tiger-Rider.com
حالات كوفيد-19 المؤكّدة و المسجّلة يوميًا
جنون الآلهة اقتضاءً !
New Daily Confirmed Cases/100k people
(7-day Average)
50
45
40
35
30
25
20
15
10
5
0
Mar 1
Apr 1
May 1
Jun 1
Jul 1
Aug 1
Sep 1
Oct 1
Nov 14
United States
European Union
Japan
Korea
Taiwan
-280 -273 -266 -259 -252 -245 -238 -231 -224 -217 -210 -203 -196 -189 -182 -175 -168 -161 -154 -147 -140 -133 -126 -119 -112 -105 -98 -91 -84 -77 -70 -63 -56 -49 -42 -35 -28 -21 -14 -7 0
Data: Johns Hopkins University CSSE; Updated: 11/15/2020
Interactive Visualization: https://91-DIVOC.com/ by @profwade_

جنون الآلهة اقتضاءً!

خِرّيجُو برنامج تعليم التكنولوجيا والهندسة والرياضيّات

الصّين 4.7 M

الهند 2.6 M

الولايات المُتّحدة الأمريكيّة 5,68,000

روسيا 5,61,000

إيران 3,35,000

0 10,00,000 20,00,000 30,00,000 40,00,000 50,00,000

المصدر: المنتدى الاقتصادي العالمي ((2016)

المعرفة المتطوّرة

ووفقَ منظّمة التعاون الاقتصاديّ والتنميةOECD ، فإنّ ميزانيّة الكليّات الأمريكيّة هي الأعلى من أيّ دولة أخرى تقريبًا. إنّ هذا التدهور، مثله مثل"ألعاب القوى" الّتي ليس لها أيّ عائد على الاستثمار، وإنّما يعود بالأساس إلى القيمة التعليميّة[27]. ولسوء الحظّ، يتخرّج في الولايات المُتّحدة عددٌ أقلّ بكثير من المهندسين سنويًّا مقارنةً بالصّين أو حتّى الهند. لقد أمضت الصّين 35 عامًا في بناء نظام براءات الاختراع. ووفقَ لـ "المنظّمة العالميّة للملكيّة الفكريّة التابعة للأمم المتّحدة" (الويبو)، استحوذ الصّينيّون على حواليْ نصف براءات الاختراع العالميّة لسنة 2018، حيث سجّلوا 1.54 مليون طلب للحصول على براءة اختراع (مقابل أقلّ من 600000 طلب للولايات المتّحدة)، وذلك بواسطة التطوّر الحاصل لديهم في مجاليْ الاتّصالات وتكنولوجيا الكمبيوتر.

بين سنتي 2017 و 2018، أرسلت الولايات المتّحدة أكثر من 11000 طالب إلى الصّين[28] للحصول على تعليم ذي مستوى عالٍ جدًّا. وفي المُقابل، شكّل الطلاّب الصينيّون أكثر من 30٪ من جميع الطلاّب الدوليّين الّذين يدرسون في الولايات المتّحدة (363000 طالب) والحاصلون على درجات الماجستير في التكنولوجيا الفائقة والدكتوراه والمزيد في مؤسّساتنا المرموقة، في حين أنّ الصّين، تبني جامعة جديدة في كلّ أسبوع، وتَخَرَّج 40 في المائة من طلاّبها في اختصاص العلوم والتكنولوجيا والهندسة والرياضيّات بحلول سنة 2013، أيْ ضعف النسبة الموجودة في الولايات المُتّحدة. وتبعًا لهذه الإحصائيّات، سيزداد عدد خرّيجي العلوم والتكنولوجيا والهندسة والرياضيّات الصّينيّين بنحو 300٪ بحلول سنة 2030.

ولقد كانت المعرفة المُتطوّرة تاريخيًا عاملَ دفْع إمّا لنموّ الإمبراطوريّات أو تراجعها وشركاتها، إذْ المعرفة هي أساس المجتمع، وطاقتها المُتجدّدة في معظم المجالات. ووفقَ تقرير البرنامج الدوليّ لتقييم الطلبة PISA لسنة 2015، صُنّفت الولايات المُتّحدة باستمرار في رتبة مئويّة مُتدنّية والخامسة عشر بين دول العالم المتقدّم[29]. كما يؤدّي التعليم دون المستوى المطلوب إلى نقص في الفرص التشغيليّة، وإلى مجتمع غير مُتكافئ الفُرص بالمرّة.

كما بإمكان هذه المعاملة غير العادلة أن تُؤدّي إلى اضطرابات مدنيّة، ممّا ينتج عنه أضرار جسيمة للاقتصاد وشركاته. ونتيجة لذلك، يتمّ إيقاف واحد من كلّ ثلاثة أشخاص بلغوا سنّ الـ 23 في الولايات المتّحدة. وبينما تمثّل الولايات المتّحدة حوالي 4.4٪ من سكّان العالم، فإنّ واحدًا من كلّ خمسة في العالم يُقيم في أحد سجون الولايات المتّحدة. "والسود هم المعرّضون أكثر للسجن من البيض، وذلك بستّة أضعاف. والأقرب إلى الاعتقاد أنّه يتمّ سجنهم من طَرَف رجالٍ بيض".[30] هذه الإحصائيّات المُؤسفة هي سبب الاحتجاجات وأعمال الشغب المُتواصلة.

> "إذا كنّا نريد تحقيق السلم الحقيقيّ في هذا العالم، يتعيّن علينا البدء في تثقيف الأطفال"
>
> ماهاتما غاندي

النظام الرأسماليّ

يتعفّن السمك من رأسه إلى زعانفه. كان حكم المحكمة العليا لمواطني الولايات المتّحدة في 21 كانون الثاني (يناير) 2010 المسمار الأخير الّذي دُقّ في نعش "نموذج روزفلت الرأسماليّ". وقد فتح "حُكْم المواطنين المتّحدين" الباب أمام إسهامات انتخابيّة غير محدودة من قبل الشركات. وتمّ توجيه معظم هذه الإسهامات من قِبَل مجموعات سريّة تُعرف بـ "لجان العمل السياسيّ" (Super PACs) [31]

(**Source Image Credit:**
Unknown author, 1931)

كما ضمنت الحيل المتّبعة في مُسْتنقعنا (في واشنطن العاصمة، تحديدًا) و"وول ستريت" المتمثّلة في إعفاءات ضريبيّة وعمليّات إنقاذ ومُكافآت للمديرين التنفيذيّين للشركات الّتي تخنق الإوزّة لتضع بيضها الذهبيّ (شركاتهم)، عمليّات إعادة شراء الأسهم والتخطيط الماليّ المُبالغ فيه. ومن سنة 2009 إلى 2019، استثمرت "شركة الطيران الأمريكيّة" 13 مليار دولار في عمليّات إعادة شراء الأسهم، في حين كانت السيولة الماليّة الحرّة، خلال نفس الفترة سلبيّة. كما اسْتثمرت شركات الطيران الرئيسة الستّ 47 مليار دولار من أصل 49 مليار دولار تمّ تحصيلها من عمليّات إعادة شراء الأسهم خلال الفترة ذاتها.[32] واليوم يُواصل دافعو الضرائب غير آبهين، بإبعاد هؤلاء الأفراد، كما سيستفيد التخطيط الماليّ في الأقرب من هذا الوضع، ممّا سيُحوّل الكارثة إلى مُكافأة.

"سيبيع الرأسماليّون لنا ذلك الحبل الّذي سنشنقهم به"

فلاديمير إليش لينين

في غضون ذلك، تستثمر الحكومة الصّينيّة تريليونات الدولارات في البحث والتطوير و إنشاء المصانع الجديدة وتعليم القوى العاملة وتثقيفها وتمويلها للبحث عن "ملائكة الغرب" الّذين سقطوا (إنّ مشاريعنا هي في أزمة ماليّة). وحتّى الصناديق الانتهازيّة التابعة للحكومة السعوديّة، خلال هذه الأوقات المُضْطربة، تحترق - إنّهم يبيعون أبراج التسوّق ويستحوذون على حصص في شركات أمريكيّة رائدة مُقابل بضعة ملايين من الدولارات. وتتضمّن قائمة تصيّد الحيتان، هذه، ثاني أكبر شركاتنا "بوينج"، الّتي أنفقت 43 مليار دولار من أصل 58 مليار دولار من سيولتها الماليّة على إعادة شراء الأسهم طوال عقد من الزمن.[33] فقادتنا الحُكَماء يبيعون هذا البلد مُقابل حفنة من الدولارات. إنّها قضيّة أمن قوميّ! وهم يُغْمِضون أعينهم عَمْدًا، ويُشَتّتون انتباه الناخبين الجهلة ويُعطونهم كميّات من اللحوم الحمراء الفاسدة.

"عمليّات إعادة الشراء هي مثال صريح عن استشراء "سُلَالة عدم الكفاءة" في صفوف الرؤساء التنفيذيّين ومجالس إدارة الشركات."

"في الشارع الرئيس اليوم، هناك إبادة جماعيّة. الآن، الرؤساء التنفيذيّون للشركات الأثرياء ليسوا كذلك، ومجالس إدارة الشركات الّتي لديها حوْكمة قويّة ليست كذلك. وفي المُقابل، هلك عامّة الشعب". "فما قُمنا به هو دعم غير مُتكافئ لهؤلاء الرؤساء التنفيذيّين ولمجالس إدارة الشركات ذات الأداء الضعيف، وعليك أن تُبيد هؤلاء الناس"

"فقط للتوضيح. نحن نتحدّث عن صناديق ائتمانيّة تخدم مجموعة من أثرى العائلات

من يكترث لذلك؟ إنّهم لا يعانون من قيظ الصيف في هامبتونز؟" "سيكون من الأجدر أن يُقدّم مجلس الاحتياطيّ الفيدراليّ نصف مليون لكلّ رجل وامرأة وطفل في الولايات المتّحدة الأمريكيّة."

"مُحادثة مع " شاماث باليهابيتيا" على قناة CNBC

(مُسْتثمر ملياردير ونائب رئيس فايسبوك السابق المسؤول عن تزايد عدد المُستخدمين).

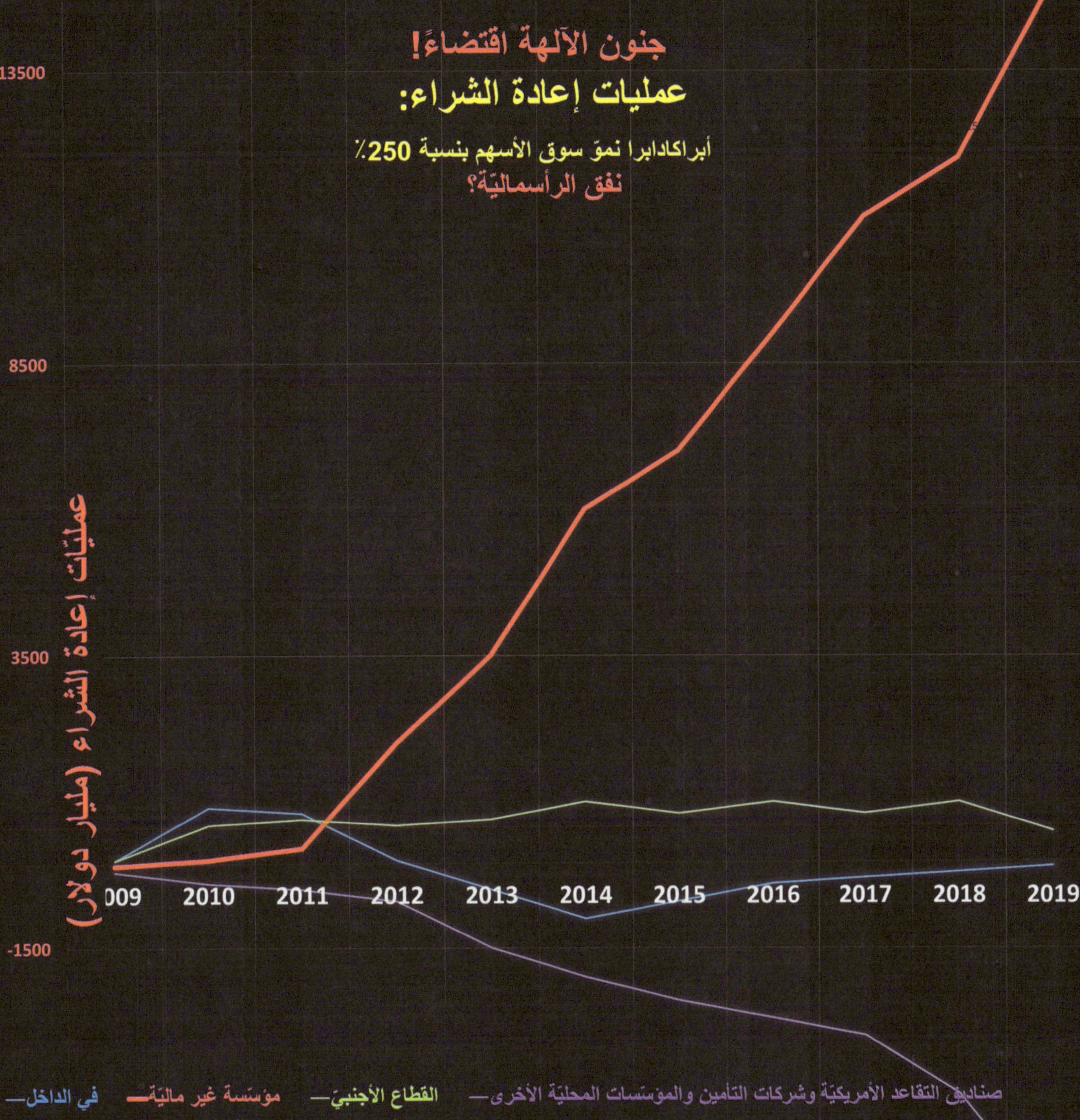
جنون الآلهة اقتضاءً!
عمليات إعادة الشراء:
أبراكادابرا نموّ سوق الأسهم بنسبة 250٪
نفق الرأسماليّة؟
13500
8500
3500
-1500
-6500
عمليّات إعادة الشراء (مليار دولار)
009
2010
2011
2012
2013
2014
2015
2016
2017
2018
2019
صناديق التقاعد الأمريكيّة وشركات التأمين والمؤسّسات المحليّة الأخرى—
القطاع الأجنبيّ—
مؤسّسة غير ماليّة—
في الداخل—
Source: FRB, Haver Analytics, DB Global Research

جنون الآلهة اقتضاءً!

عمليّات إعادة الشراء: الحيل المُحاسبيّة!

Catacomb of Capitalism?

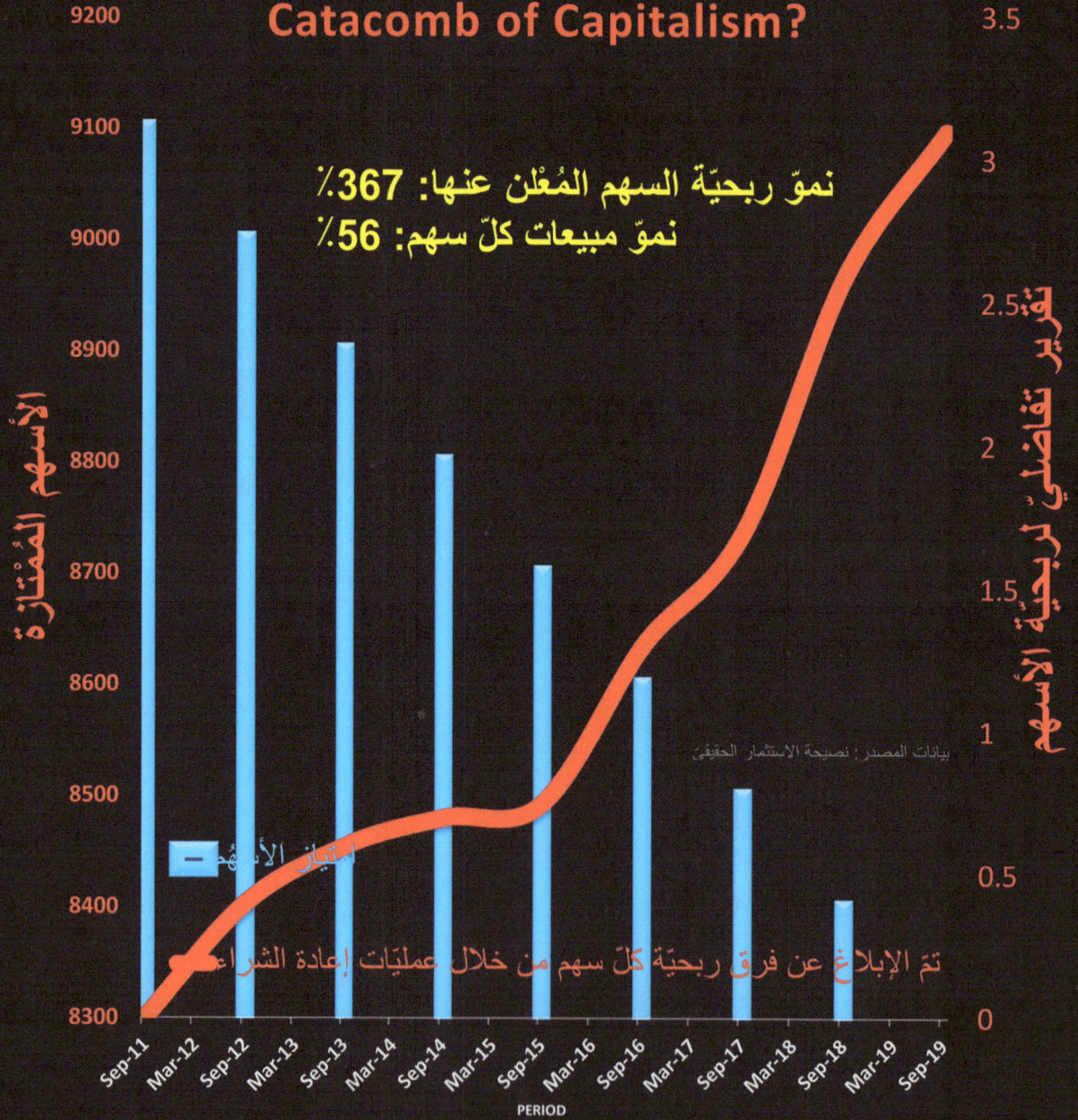

نموّ ربحيّة السهم المُعْلن عنها: 367٪

نموّ مبيعات كلّ سهم: 56٪

بيانات المصدر: نصيحة الاستثمار الحقيقي

امتياز الأسهم

تمّ الإبلاغ عن فرق ربحيّة كلّ سهم من خلال عمليّات إعادة الشراء

الأسهم المُمتازة

9200
9100
9000
8900
8800
8700
8600
8500
8400
8300

تقرير تفاضلي لربحيّة الأسهم

3.5
3
2.5
2
1.5
1
0.5
0

Sep-11 Mar-12 Sep-12 Mar-13 Sep-13 Mar-14 Sep-14 Mar-15 Sep-15 Mar-16 Sep-16 Mar-17 Sep-17 Mar-18 Sep-18 Mar-19 Sep-19

PERIOD

نظام نُخْبويّ

تسبّبت الهندسة الماليّة المُتّبعة من طرف النُخب والبنوك المركزيّة لدينا، خاصّة منذ الانهيار الاقتصاديّ لسنة 2008، في خلق "هوّة في الثروة" صارت جليّةً اليوم. فيذهب نصيب الأسد من الائتمان إلى "ربّ العائلة والمُنفق غير العقلانيّ"، ألان جرينسبان، الرئيس السابق لصندوق الاحتياطيّ الفيدراليّ للولايات المتحدّة، من 1987 إلى 2006. إنّ السياسة الماليّة الّتي يحرّكها معدّل الفائدة وتوجيه السيولة عبر التيسير الكمّيّ (QE) وشراء الأصول الماليّة هي أمثلة أوّليّة على ذلك. لقد كانت الأموال المُقترضة تُستخدم في عمليّات إعادة الشراء والدمج والاستحواذ والعديد من أنشطة التخطيط الماليّ الأخرى، ممّا أدّى إلى نموّ في سوق الأسهم فاق 250٪، خلال العقد الماضي.

لسوء الحظّ، كان لدى "النخبة" فقط إمكانيّة التمتّع بالأموال "المجانيّة/الرخيصة" الموجودة في الجزء الأحمر من الرسم البيانيّ. وعلى الرغم من التراجع، فإنّ الغالبيّة العظمى (اُنظر الجزء الأصفر الصغير من الرسم البيانيّ) قلّلت من قيمة نصيبها في الكعكة. إذ قام عدد قليل من النخبة بخصخصة الأرباح بفاعليّة سداد ضرائبهم وفوائدها وتأجيلها لسنواتٍ قادمة. وعندما تُرسل الصّين مُحصّلي ديونها إلى البلدان المدينة، فإنّ التأثير سيكون جليًا على دافعي الضرائب العالقين في جحيم "سجن الرهن"، وليس على النخبة الذكيّة الّتي تنعم بالعيش في ملاذاتها الضريبيّة.[34]

الولايات المُتّحدة هي الاقتصاد المُتطوّر الوحيد الّذي انخفض فيه متوسّط الدخل الأدنى لمواطنيه بـ 50٪ ، في العقود الثلاثة الماضية. إنّ ردود الفعل العنيفة و"بحر اليأس" الّذي كانت تعيشه الطبقة العاملة البيضاء كلّها عوامل استفاد منها الرئيس ترامب في انتخابات 2016. وإضافةً إلى إراقة الدماء أحرقت أمريكا أكثر من 5 تريليونات دولار لخوض حروب قبليّة ودينيّة في صحراء الشرق الأوسط، ممّا جعل قلّة قليلة جدًا من الأغنياء يضمنون بقاءهم. فكان من الممكن أن يحصل كل مواطن من فئة الخمسين بالمائة الّتي تتلقّى الأجر الأدنى على شيك بقيمة 30 ألف دولار لو تمّ تجنّب تلك الحروب. وفي المقابل، شهد 50٪ من المتلقّين للأجر الأدنى في الصّين أسعد ثلاثة عقود منذ 3000 عام إذْ أُخرِج حوالي 800 مليون صينيّ من تحت خطّ الفقر، في حين اضطرّت الملايين من الأُسَر المُنتمية إلى الطبقة الوسطى في الولايات المُتّحدة الأمريكيّة إلى العيش في قاع الهرم المُجتمعيّ والاقتصاديّ، اعتمادًا على قسائم الطعام والمُساعدات الحكوميّة الأخرى.

لقد أسّس روزفلت مُجتمعًا قِوامُه الجدارة فصار "زامندار الأثرياء"[35]، وهو نظام غرس مخالبه بعمق في الولايات المُتّحدة. وخلافًا الصين الّتي يُديرها أفضل المهندسين وتتّجه نحو نظام الجدارة، فقادتنا يستفيدون من عدم الرضا في مجتمعنا ويفوزون بالانتخابات عن طريق ما يلتصق من بقايا لحم في عظام القمامة، يُلقون به للمُنتخبين. لا يُمكن للنظام الصينيّ تغيير الحزب الشيوعيّ، لكن يمكن للحزب أن يغيّر استراتيجيّاته للاستفادة من مصالح البلاد على المدى الطويل. في الولايات المتّحدة الأمريكيّة، يُمكننا تغيير الأحزاب بعد كلّ نصف دورة انتخابيّة أو إثر إنقضاء أربع سنوات. ومع ذلك، للأسف، ما زلنا عالقين في سياسات "Hara-kiri" مُتقارِبة الآفاق الّتي تخدم المصالح الخاصّة للوبيّات. لقد بنى النظام الرأسماليّ القائم على القانون والأخلاقيّات والّذي طوره أنصار روزفلت، مخزونًا لا بأس به من النوايا الحسنة في الداخل والخارج طوال السنوات الخمس والسبعين الماضية.

وبشكل مُخيّب للآمال تقوم الولايات المتّحدة حاليًا بتجفيف البحيرة في الداخل والخارج بسياساتها الصارمة قصيرة المدى. إذْ تؤدّي الرأسماليّة الراديكاليّة الّتي يمارسها المُخطّطون الماليّون الجامحون اليوم إلى "مصائد الديون" الّتي من شأنها أن تُسهم في الاستعمار الاقتصاديّ والشعبويّة والإمبرياليّة والفاشيّة والانتفاضات وأعمال الشغب والثورات والحروب والصراعات والفوضى. وممّا لاحظناه في الانتخابات التمهيديّة في الولايات المتّحدة، مُرَشّحون للرئاسة مثل بيرني ساندرز وإليزابيث وآخرون جاؤوا مُبشّرين بالاشتراكيّة (إعادة توزيع الثروة مع الحفاظ على الديمقراطيّة).

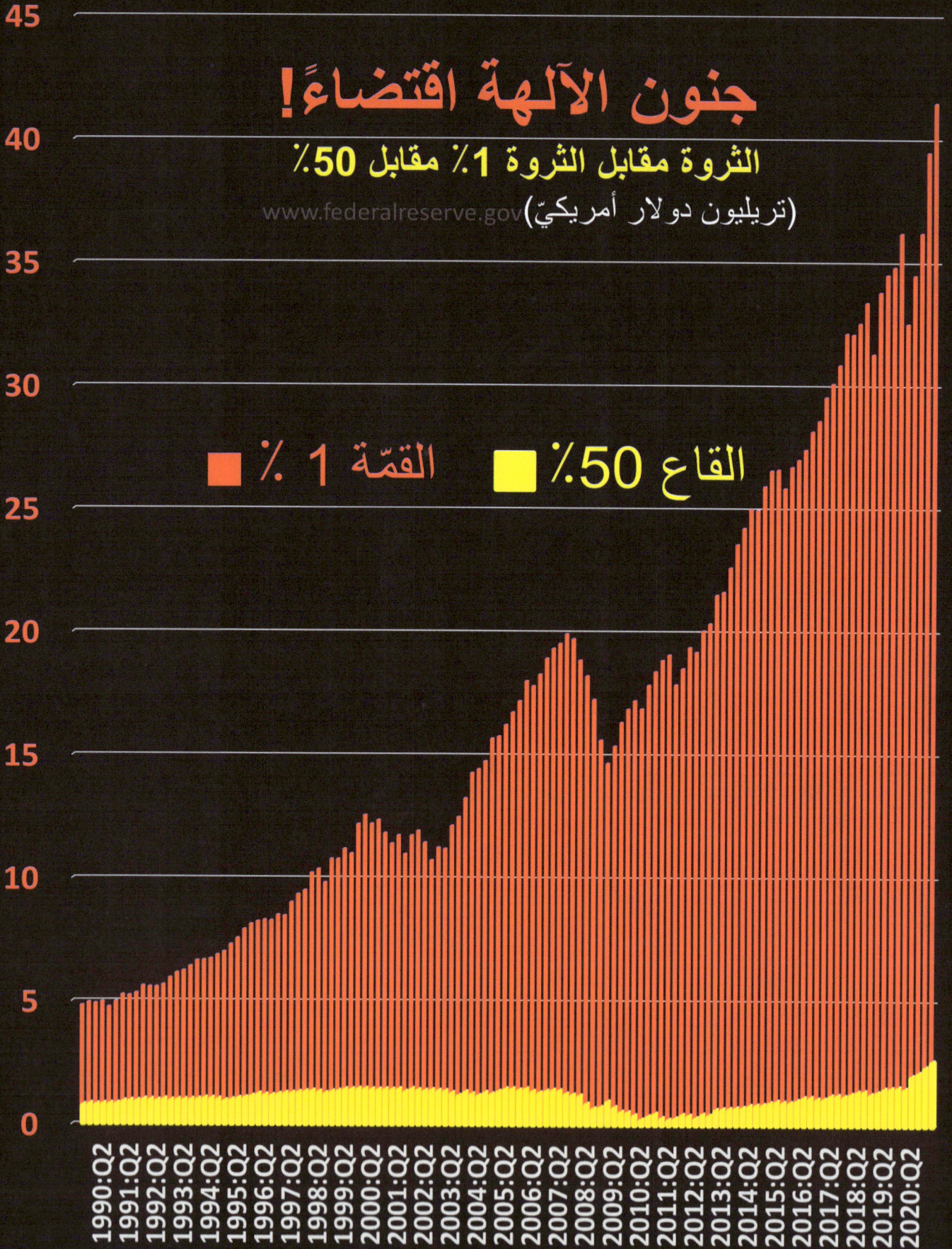

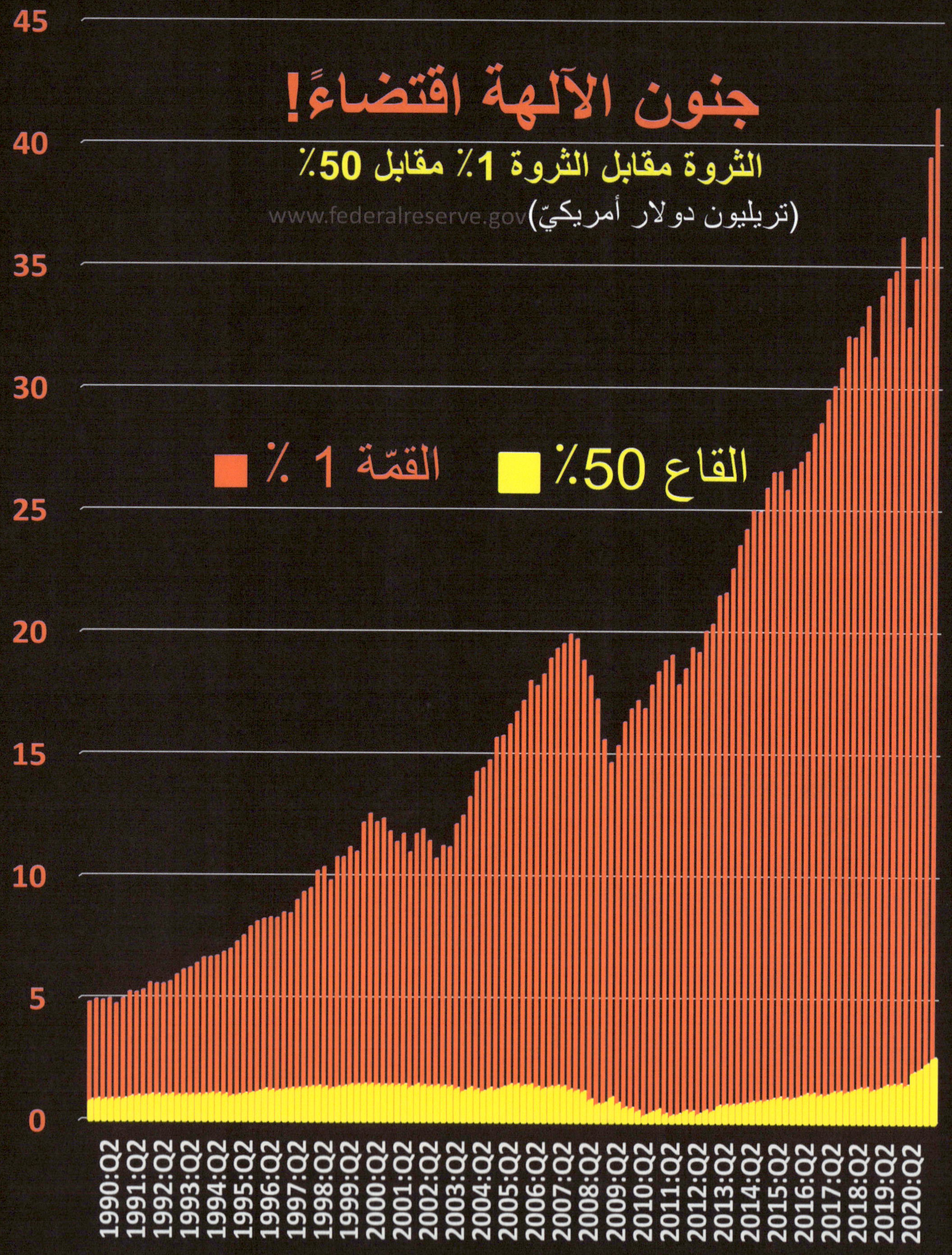

جنون الآلهة اقتضاءً!

الثروة مقابل الثروة 1٪ مقابل 50٪

www.federalreserve.gov(تريليون دولار أمريكيّ)

القمّة 1 ٪

القاع 50٪

45
40
35
30
25
20
15
10
5
0

1990:Q2
1991:Q2
1992:Q2
1993:Q2
1994:Q2
1995:Q2
1996:Q2
1997:Q2
1998:Q2
1999:Q2
2000:Q2
2001:Q2
2002:Q2
2003:Q2
2004:Q2
2005:Q2
2006:Q2
2007:Q2
2008:Q2
2009:Q2
2010:Q2
2011:Q2
2012:Q2
2013:Q2
2014:Q2
2015:Q2
2016:Q2
2017:Q2
2018:Q2
2019:Q2
2020:Q2

وسيلجأ بعض "اليساريّين المتطرّفين" إلى الشيوعيّة (اقتسام الثروة مُستقبلا بالتساوي، تقريبًا) ، وذلك كما لُوحظ في فنزويلا وزيمبابوي وكوريا الشماليّة. والأمر الأكثر إثارة للقلق هو أنّ الكثيرين من الطيف اليمينيّ سيتحوّلون إلى ميليشيّات فاشيّة (رأسمالية تسيطر عليها دولة الاستبداد)، كما كان الحال مع الرايخ الثالث (ألمانيا النازيّة) وإيطاليا الفاشيّة وإمبراطوريّة اليابان في عشرين القرن الماضي وثلاثيناته.

وتعمل صرخات "البجعة السوداء" لحالات الطوارئ كجائحة كورونا، والّتي تحدث خلال (وتتفاقم) في الأزمات، على تأجيج دوّامة الانهيار الذاتيّ المُعزّز. لقد اشتعلت حرب أهليّة ثانية منذ الانهيار الاقتصاديّ لسنة 2008، ممّا أدّى إلى اختلال هائل في الثروة. إذْ أنّ تفشّي فيروس كورونا المُستجدّ وتجمّعات "مشاغل حياة السود" Black Lives Matter وأعمال الشغب من شأنها أن تُلهب حريقًا بطيء الاشتعال. وإذا لم تتمّ السيطرة عليه بطريقة مُناسبة، فسينتشر الحريق على مستوى العالم مثله في ذلك مثل حريق الربيع العربيّ، وسيُطلق بذلك شرارة "نهاية العالم".

الهندسة الماليّة المُبالغ فيها

وبالإحالة إلى شخصيّات مشابهة لـ"جوردون جيكوس[36]" في فلم الجنّة (الإليزيوم)[37]، فإنّ الغالبيّة العظمى من الناس يُعانون ماديًّا. إنّها ذروة الوهم المسمّى "العولمة ورأسمالية روزفلت"." **فهناك لوم كبير، وأوّله متعلّق بي".**

"إنّ ساعة الانتصار الساحق للرأسماليّة هي ساعة أزْمتها، في الوقت ذاته[38]". لقد أصبحت الولايات المتّحدة قوّة رأسماليّة عُظْمى لأنّ روزفلت حوّل أزمات كالحربيْن العالميّتيْن الأولى والثانية، والإنفلونزا الإسبانيّة والأزمة الإقتصاديّة الكبرى وأزمات أخرى،آنذاك، إلى عوامل مكّنته من الانتصار على الإمبراطوريّة البريطانيّة، الّتي فقدت سحرها وتألّقها.وكذا الصين اليوم فهي تحظى بصورة المرآة العاكسة، إذْ أتاح لنا الحادي عشر من سبتمبر 2001، ولا سيّما التسونامي الاقتصاديّ لعام 2008، فُرَصًا رائعة للاستفادة من جيشنا الرفيع المُستوى الّذي لا يُمْكن الاستهانة به ومخزون عُملتنا الاحتياطيّ وحُسْن نيّتنا السياسيّة وموارد أخرى، لا تُعَدّ ولا تُحصى. لكنّ لوبيّات الضغط في المُسْتنقع (أي واشنطن العاصمة) قد اختطفت الفُرْصة واستخدمتها لدعم خُدَعِها في "وول ستريت" (ممّا أدّى إلى اندلاع الأزمة في المقام الأوّل)، بدلاً عن الاستثمار في بنيتنا التحتيّة الحيويّة المُتَداعِيَة.

ولسوء الحظّ، بدلاً من الاستفادة من الفرص العالميّة الرائعة، سلكت "بيق 4" BIG4 للاستشارات وشركات المُحاسبة وغيرها، الطريق المُلتوية. فأضحى المُسْتقبل فرصة للإنفاق المُتواصل بدلاً من تحقيق الأرباح.

فكانت مُتَمرّسة في اعتماد الهندسة الماليّة الأرتودكسيّة المُتطرّفة والمثابرة في جَلْد الحصان الرأسماليّ الوَهِن، مقابل بضعة دولارات ونقل كلّ نجاحات الرأسماليّة المُسْتقبليّة إلى الشرق. هذه المخطّطات، كتحديد المعايير الطائشة والتحوّلات على مستوى (تكنولوجيا المعلومات والتمويل وسلسلة التوريد وما إلى ذلك) وإدارة سلسلة التوريد الفعّالة من الضرائب (TESCM) والاستعانة بمصادر خارجيّة لإنشاء المشاريع والتصنيع التعاقديّ والبحث والتطوير في الخارج وإعادة الهيكلة وغيرها، أدّت إلى هلاك أضرّ بمرونة الشركات. والنتيجة النهائيّة لذلك هي "حصان شركات مَائت".

لقد انتهزت "صناديق النسر المُتطفّلة" وقراصنة الشركات وشركات الأسهم الخاصّة الفُرْصة لمُداهمة الشركات القليلة المُتبقيّة والمحافظة على الميزانيّات العموميّة وامتصاص كلّ ما تبقّى من الدماء الّتي ضُخّت من جديد، وذلك بتمكينها من ديْن قصيرِ المدى ومُرْتفع الفائدة. وعندما تفشل تلك المشاريع في تسديد أقساط دُيونها، تسرق شركات الأسْهم الخاصّة "المُتطفّلة" أموالها من خلال الرسوم المُقدّمة والفوائد.

على عكس اعتبار ذلك فرصة لإعادة الاستثمار في مؤسّساتهم الخاصّة، يرى قادة شركاتنا الأكفّاء وأعضاء مجالس إداراتهم أنّها فُرْصة لتدعيم ميزانيّاتهم الضخمة عن طريق إعادة شراء الأسهم. وسيمكّنهم هذا من دعم ثرواتهم الشخصيّة.

وكما حدث في كارثة التسونامي الاقتصاديّ لعام 2008، أنقذ دافعو الضرائب "شركات الزومبي" هذه. كما أدّى فشل السياسة الماليّة في العاصمة واشنطن إلى خصْخَصَة الأرباح مُقابل التزام الشعب بدفع الضرائب.

ووفق تقرير مؤسّسة إدارة الأعمال الصّغرى في الولايات المتّحدة SBA، تُمثّل الشركات الصّغرى 99.7٪ من شركات أرباب الأعمال في الولايات المتّحدة و 64٪ من صافي الوظائف الجديدة في القطاع الخاصّ.[39] وفي غضون أسابيع قليلة من سنة 2020 وحدها، أغلقت 25٪ من الشركات الصغرى أبوابها، تاركة حواليْ 40 مليون أمريكيّ عاطلين عن العمل. فدُقَّ ناقوس الخطر !

نظرًا لكونها مُورِّدةً للأفكار و ناشرة للسلوك المهنيّ السّيّء لدى نابشي فضلات الهندسة الماليّة المُبالغ فيها، تحتاج المعاهد العُليا التجاريّة IVY League الانتهازيّة إلى قبول نصيبها العادل من المسؤوليّة وذلك للتخلّص من ركائز الرأسماليّة الضعيفة الّتي بناها "آل روزفلت"؛ تيدي وفرانكلين وإليانور، لينتهي الأمر بالعديد من خرّيجي معاهد IVY League العليا والمهنيّين المتميّزين الّذين يسْعون إلى تحقيق ثروات طائلة، في وول ستريت أو في إحدى شركات BIG4. وبالمثل، ينتهي الأمر بخيرة المهندسين في ممارسة هذا النوع من الهندسة الماليّة، **إلى تحصيل بِضعة دولارات أكثر**.

لكن ما فائدة وول ستريت؟ إنّ الكثير ممّا يفعله الصيارفة-المُستثمرون لا قيمة له اجتماعيًا. ومن المُحتمل أن يكون خطيرًا على الولايات المتّحدة والاقتصاد العالميّ، بخلاف مُخْرجات السياسات الماليّة "السامّة". فما هي الأشياء الملموسة الّتي يصمّمونها أو يبنونها أو يبيعونها؟ لقد تمّ فصل "وول ستريت" عن "ماين ستريت" و"ركّعوا" الاقتصاد ووضعوا سياسة "الأقدر على النجاح منه على الفشل"، وألزموا الشعب على دفع الضرائب وخَصْخَصُوا الأرباح. فابتكروا مشتقّات وأسلحة دمار شامل أخرى (أسلحة الدمار الشامل) وشجّعوا على المُجازفة المُنْحرفة في سوقٍ مزعومةٍ.

وكماهو مُوضّحٌ في الرسم البياني أدناه، يُجمَع ثُلُثا إيرادات BIG 4 من عمليّات التدقيق الماليّ وجمع الضرائب. وتؤدّي ممارسات التدقيق الماليّ إلى تشريح الأعداد التاريخيّة إثر انتهائها وتمنع حدوث مشاكل في متطلّبات الامتثال الداخليّ والخارجيّ. كما تساعد الممارسات الضريبيّة العملاء أيضًا على الاستفادة من ثغرات المزايا والملاذات الضريبية الخارجيّة وإدارة سلسلة التوريد الضريبيّة الفعّالة (TESCM) وغيرها من المُمارسات الّتي قد تُلحق ضررًا بدافعي الضرائب. فينشأ بذلك عن الهندسة الماليّة جُزءٌ هامٌ من الممارسات الاستشاريّة. فإلى أيّ حدٍّ تضطلع مؤسّسات رابطة IVY لدينا بدورِ شركات (CSR) الاجتماعيّ وتحديد مُسْتقبلها الأخلاقيّ؟ أم هي قادرة فحسب على الاضطلاع بمهمّة النمل الأبيض في تقويض أُسُسها؟

> "من سنة *2009* إلى سنة *2015*، تحصّلت أكبر *50* شركة أمريكيّة على أكثر من *423* مليار دولار من الإعفاءات الضريبيّة وأنفقت أكثر من *2.5* مليار دولار للضغط على الكونجرس لتعزيز أرباحها النهائيّة بشكل مُلفت أكثر للانتباه."
>
> — أوكسفام أمريكا

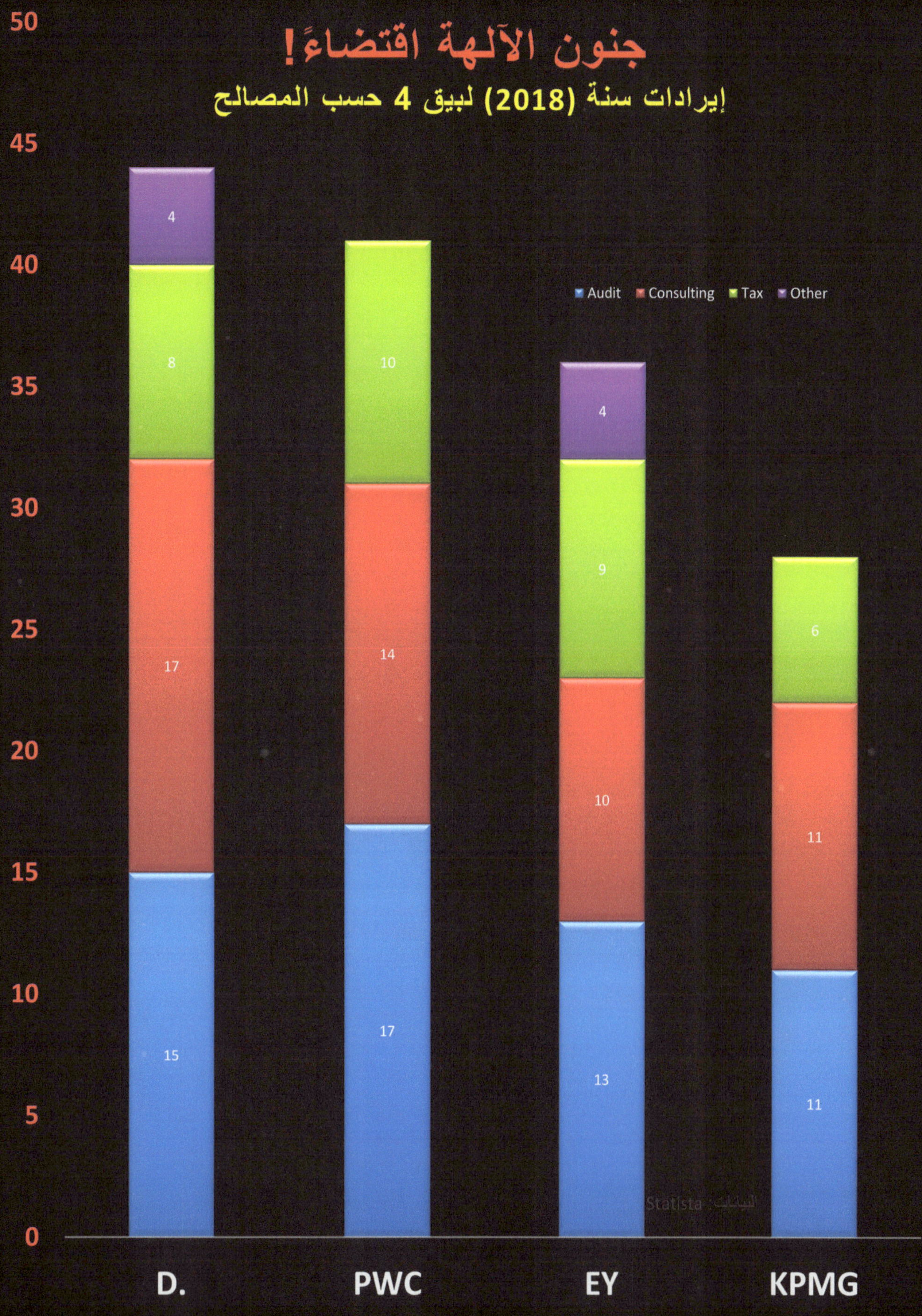
جنون الآلهة اقتضاءً!
إيرادات سنة (2018) لبيق 4 حسب المصالح
Audit
Consulting
Tax
Other
50
45
40
35
30
25
20
15
10
5
0
4
8
17
15
10
14
17
4
9
10
13
6
11
11
Statista : البيانات
D.
PWC
EY
KPMG

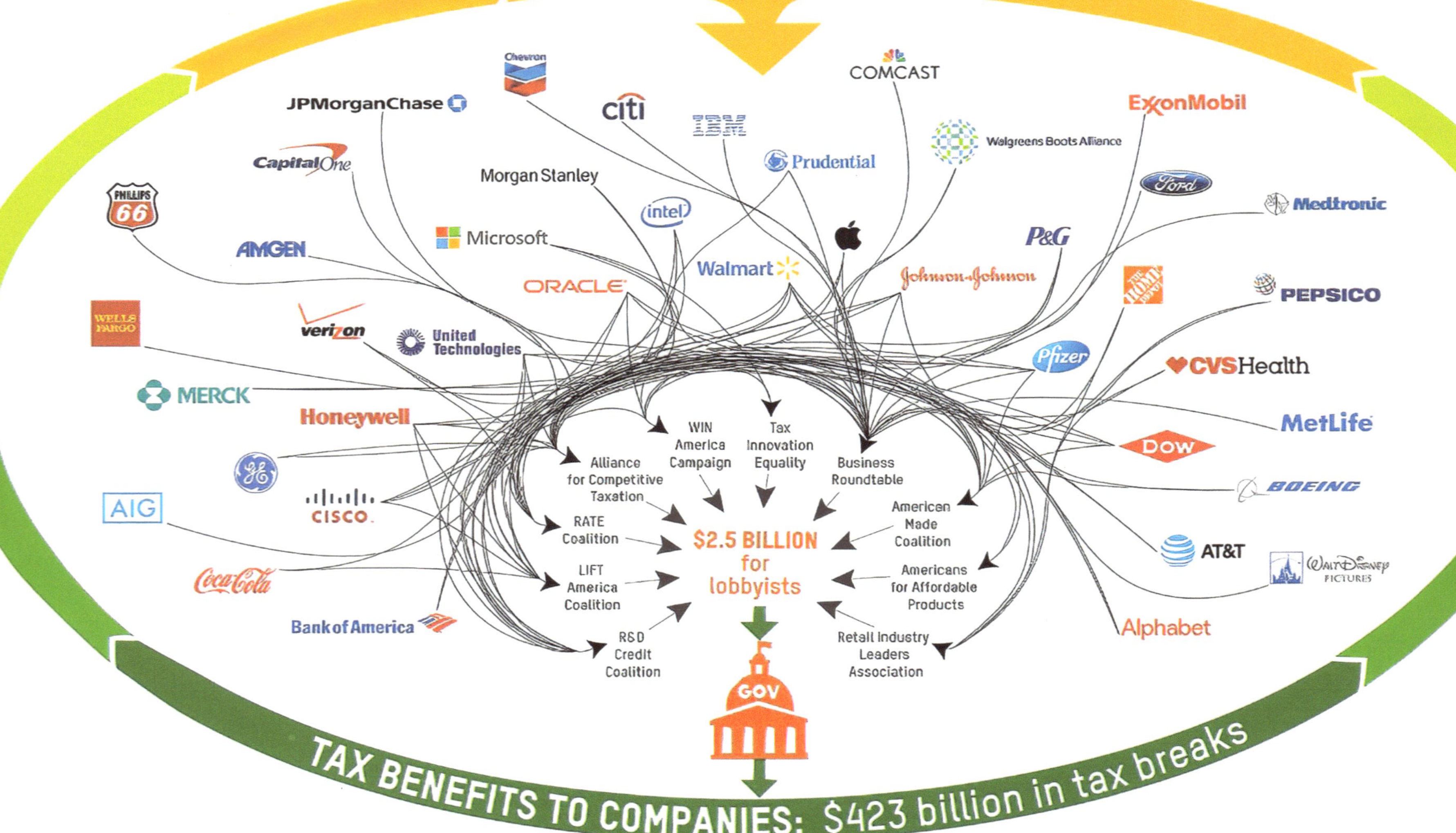

Chevron
COMCAST
JPMorganChase
citi
IBM
ExxonMobil
Walgreens Boots Alliance
Capital One
Prudential
Morgan Stanley
Ford
Medtronic
PHILLIPS 66
intel
Microsoft
P&G
AMGEN
Walmart
Johnson & Johnson
ORACLE
The Home Depot
PEPSICO
WELLS FARGO
verizon
United Technologies
Pfizer
CVSHealth
MERCK
Honeywell
MetLife
Dow
WIN America Campaign
Tax Innovation Equality
Alliance for Competitive Taxation
Business Roundtable
BOEING
AIG
CISCO
American Made Coalition
RATE Coalition
$2.5 BILLION for lobbyists
AT&T
LIFT America Coalition
Americans for Affordable Products
Walt Disney Pictures
Coca-Cola
Bank of America
R&D Credit Coalition
Retail Industry Leaders Association
Alphabet
GOV
TAX BENEFITS TO COMPANIES: $423 billion in tax breaks

اليزيوم[40]

لذلك، حطّم المُتطفّلون لدينا الأساس الرأسماليّ الّذي صمّمه روزفلت. ونتيجةً لذلك ، نشهد زوال الدولة القوميّة ليحلّ محلّها صعودٌ مذهلٌ لفئة جديدة من "منشّطات الإيليزيوم" الّتي تخترق الأُسس المُنْهارة لنظام روزفلت الرأسماليّ.

ومن خلال كبح جماح الابتكار واختطاف الديمقراطيّة، أصبحت مجموعات مثل FAANG المُتكوّنة من فايسبوك وأمازون وآبل ونتفلكس وقوقل أخطر الكارتلات (أو اللّوبيّات) في العالم. وبامتلاك هذه المجموعة رَسْملةً سوقيّةً مُجمّعةً تبلغ حوالي 5 تريليون دولار، فإنّها تُهدّد أسس الحضارة ذاتها وركائزها.

أضافت FAANGM المُتكوّنة من فايسبوك وآبل ونتفلكس وقوقل وماكروسوفت تريليون دولار للرَسْمَلة السوقيّة على امتداد هذا العام فقط. ويفوق هذا القيمة السوقيّة الكاملة لقطاع الطاقة S&P 500. في غضون ذلك، انهار الاقتصاد الحقيقيّ، وبينما كانت "وول ستريت" و"تيك تيتانز" Tech-Titans تنعمان بطفرة ربح ماليّ هائلة منذ نشأتهما، استفحل البُؤْس في "ماين ستريم" حيث شهدت أحْلَكَ فتراتها منذ 145 عامًا على الأقلّ.

إنّ رُبع سكّان العالم مُستخدمون نشطون لفايسبوك. ويمكن القول إنّهم وراء انتخاب الرئيس الأمريكيّ الحاليّ. ففي تدوينة فايسبوكيّة، ذكر نائب الرئيس "أندرو بوسورث" Andrew Bosworth أنّ استخدام القائمين بحملة ترامب الانتخابيّة لأدوات الإعلان على فاسبوك كان وراء فوز هذا الأخير في الانتخابات الرئاسيّة لسنة 2016.[41] وقد يتكرّر ذلك مرّة أخرى. وسيكون من المثير للاهتمام أن نرى مصير الدولار الأمريكيّ عندما سيستعمر فايسبوك مُسْتخدميه من خلال عملة "ليبرا المُشفّرة" (الكريبتوكارنسي و Electro-Dollar).

فـ"ليس هناك خطابٌ مدنيٌّ أو حتّى تعاون. معلومات مُضلّلة وخاطئة. وهذا ليس مُشْكلة أمريكيّة - الأمر لا يتعلّق بإعلانات الروس. **إنّها إشكاليّة عالميّة.** أعتقد أنّنا أنشأنا أدوات من شأنها أن تُمزّق النسيج المُجْتعي. فتعمل حلقات التغذية قصيرة المدى الّتي يحرّكها الدوبامين والّتي قمنا بإنشائها، على تدمير كيفيّة عمل المُجْتمع، **إذْ تتمّ برمجَتُك.**

"أشعر بالذنب الشديد. لقد تركنا من خلفنا، فترات استراحة عميقة وعميقة جدًا لأذهاننا. لدينا شعور بأنّ شيئا سيّئا، قد يحدث".

شماث باليهابيتيا Chamath Palihapitiya

(الملياردير والمُسْتثمر السابق، نائب رئيس نموّ المُستخدمين في شركة فايسبوك)

تحيا "لا وول ستريت"!

في وقت مضى، كانت نيويورك مركزًا ماليًا عالميًا، لأنّ الولايات المتّحدة كانت في أوج قوّتها الإقتصاديّة. وفي المقابل، أنشأت الصين مركزها التجاريّ انطلاقا من شنغهاي، فبدأت فعليًا في إضعاف نفوذ الولايات المتّحدة. وقد انخفض عدد الشركات العموميّة في الولايات المتّحدة الأمريكيّة بصفة مُطّردة إثر بلوغ الذروة في أواخر التسعينات. وعَقِب انتشار الأسهم الخاصّة وعمليّات الدمج والاستحواذ وتدفّقات رأس المال، تقلّص عدد الشركات العموميّة الّذي كان أكثر من 7000 شركة إلى أقلّ من 3000 شركة. وفي الوقت نفسه ، نما سوق الأسهم الصينيّة من صفر إلى حوالي 4000، بالإضافة إلى 2500 شركة جديدة تمّ إنشاؤها في "هونغ كونغ."

"ينبغي علينا إدراك أنّ الشركات الصّينيّة، بدعْم عموميّ جُزئيّ، تُحاول بشكلٍ مُتزايد شراء الشركات الأوروبيّة الّتي يكون الاسْتحواذ عليها مُنخفضَ الثمن أو الّتي واجهت صعوبات اقتصاديّة بسبب جائحة كورونا ... وستكون الصّين أكبر منافس لنا في المستقبل، اقتصاديًّا واجتماعيًّا وسياسيًّا... كما أرى الصّين مُنافسًا استراتيجيًّا لأوروبا، ذا **نموذجٍ مُجتمعيّ سُلطويٍّ، يرغب في تعزيز نُفُوذه**

وافتكاك مكان الولايات المتّحدة، لكونها رائدة ...

لذلك يتعيّن على الاتّحاد الأوروبيّ أن يتفاعل بطريقة مُنَظّمة ليضع حَدًّا **لجولة التسوّق الصينيّة"**

مانفريد فيبير،

(رئيس كتلة حزب الشعب الأوروبيّ في برلمان الاتّحاد الأوروبيّ) أخبار 2020-05-17 NPR

في ستّينات القرن الماضي، شكّل الاقتصاد الأمريكيّ حوالي 40 ٪ من الناتج المحليّ الإجماليّ العالميّ. وكما لاحظنا، للأسف، فقد انخفض ذلك إلى أقلّ من 15٪ في مجال تعادل القوى الشرائيّة. إنّ تطوّر الناتج المحليّ الإجماليّ للصّين، في الوقت ذاته، يُمثّل أكثر من 20٪ من الناتج المحلّيّ الإجماليّ العالميّ، حاليًّا. لقد أبطل جشعنا الشديد الأحمق حُسْن نيّتنا. بدون تظافر جهودنا، وبسرعة، فإنّ أيّام إمبراطوريتّنا والشركات معدودة؛ - خصوصا إذا أخذنا بعين الاعتبار أنّنا نتحكّم في 79.5٪ من إجماليّ التجارة العالميّة بفضل مخزوننا الاحتياطيّ من العُمْلة (الدولار الأمريكيّ). [42]

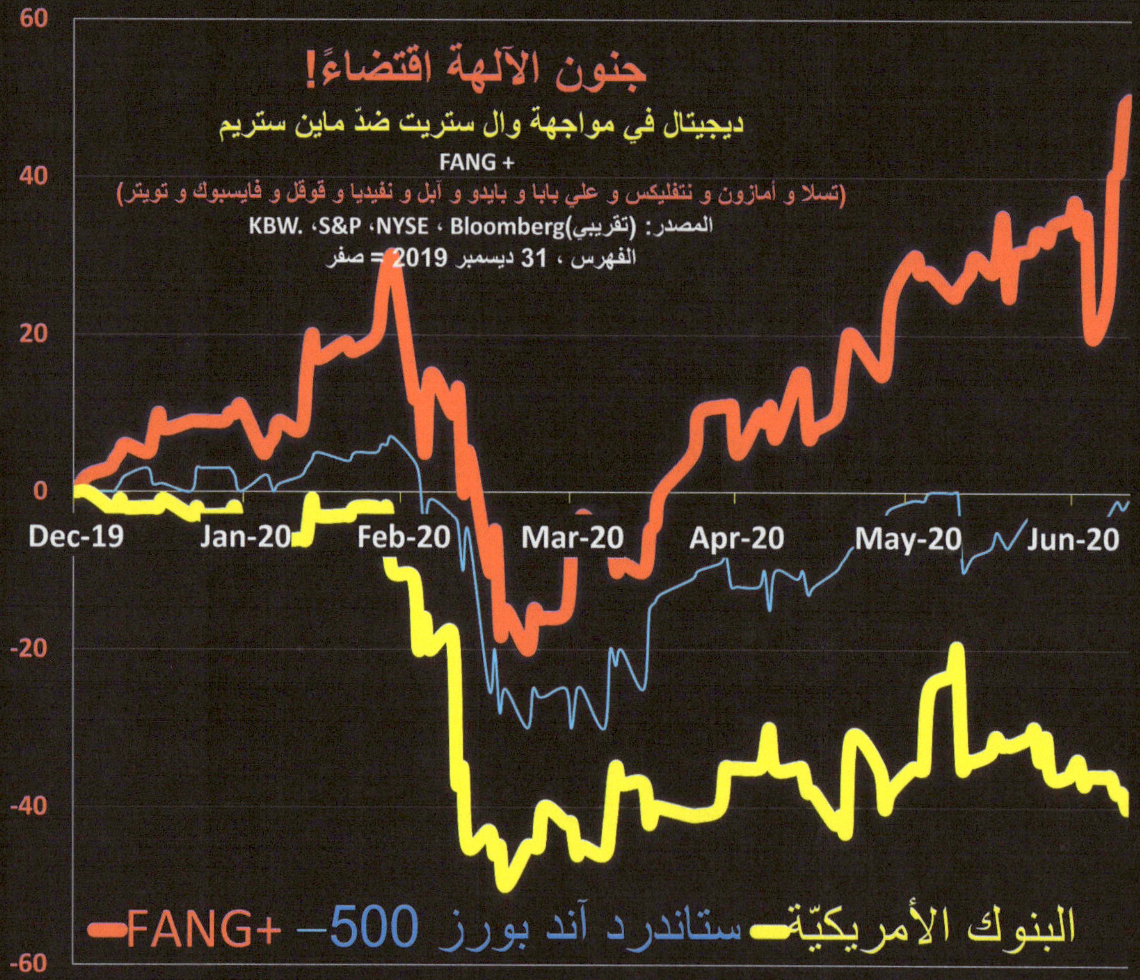

جنون الآلهة اقتضاءً!

ديجيتال في مواجهة وال ستريت ضدّ ماين ستريم

FANG +

(تسلا و أمازون و نتفليكس و علي بابا و بايدو و آبل و نفيديا و قوقل و فايسبوك و تويتر)

المصدر: (تقريبي)Bloomberg ، NYSE، S&P، KBW.

الفهرس ، 31 ديسمبر 2019 = صفر

60
40
20
0
-20
-40
-60

Dec-19 Jan-20 Feb-20 Mar-20 Apr-20 May-20 Jun-20

FANG+ — 500 ستاندرد آند بورز — البنوك الأمريكيّة

جنون الآلهة اقتضاءً!

الناتج المحليّ الإجماليّ الفعليّ

المصدر: مكتب الولايات المُتّحدة للدراسات الاقتصاديّة (FRED ، الربع الثاني 2020)

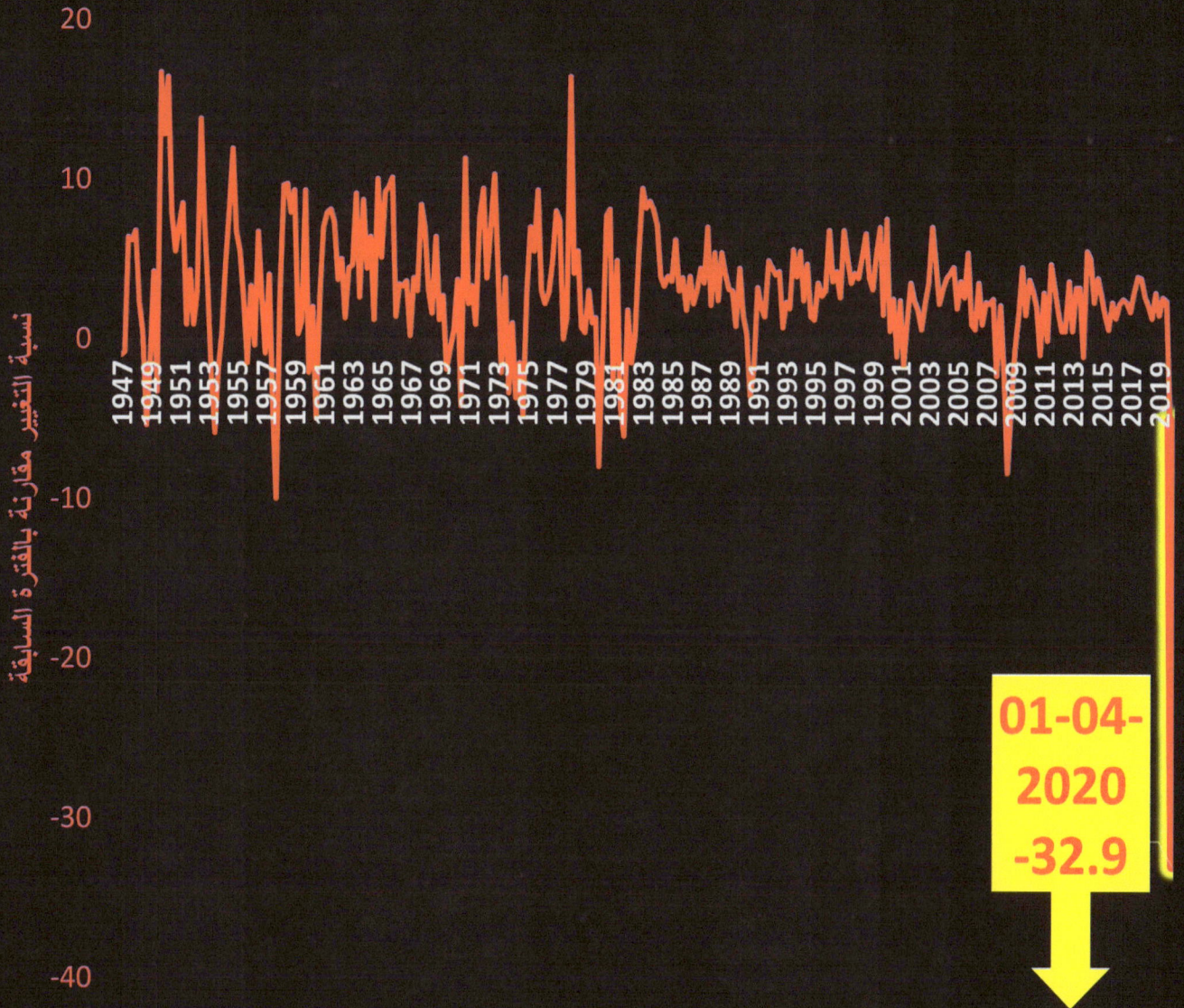

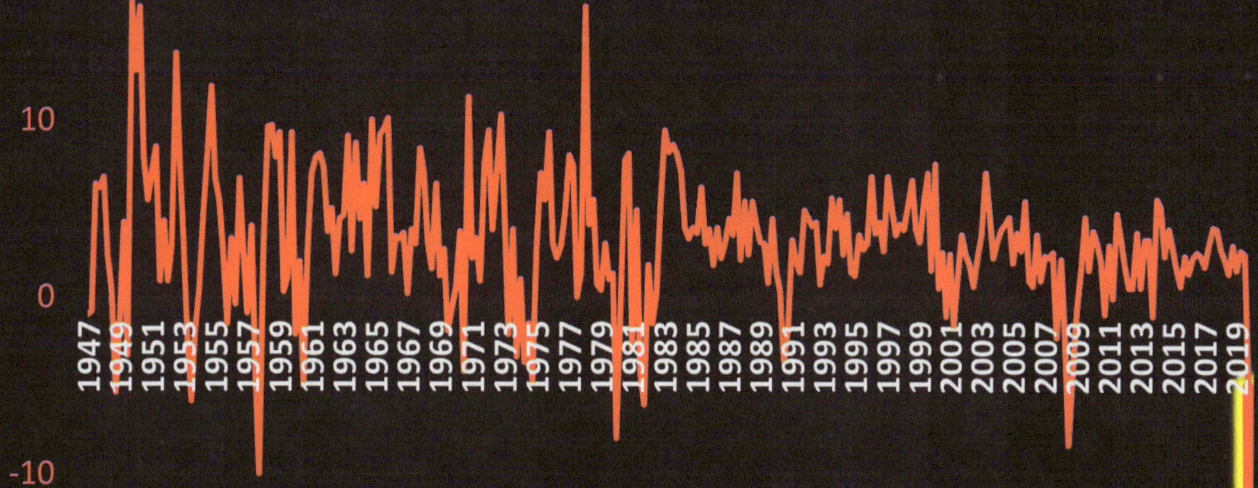

جنون الآلهة اقتضاءً!

نفق الرأسماليّة؟

الثقب الأسود للشركات الأمريكيّة؟

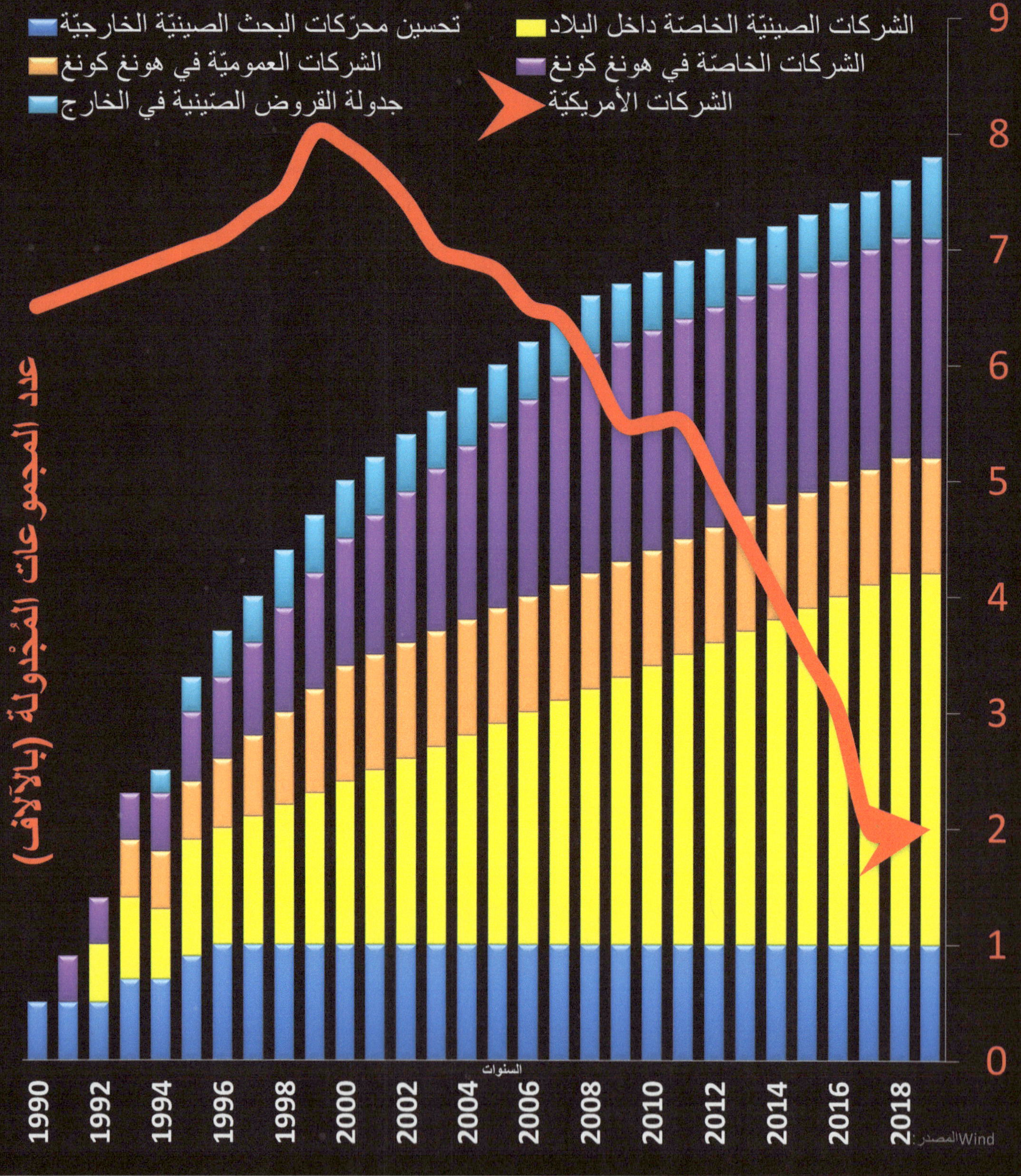

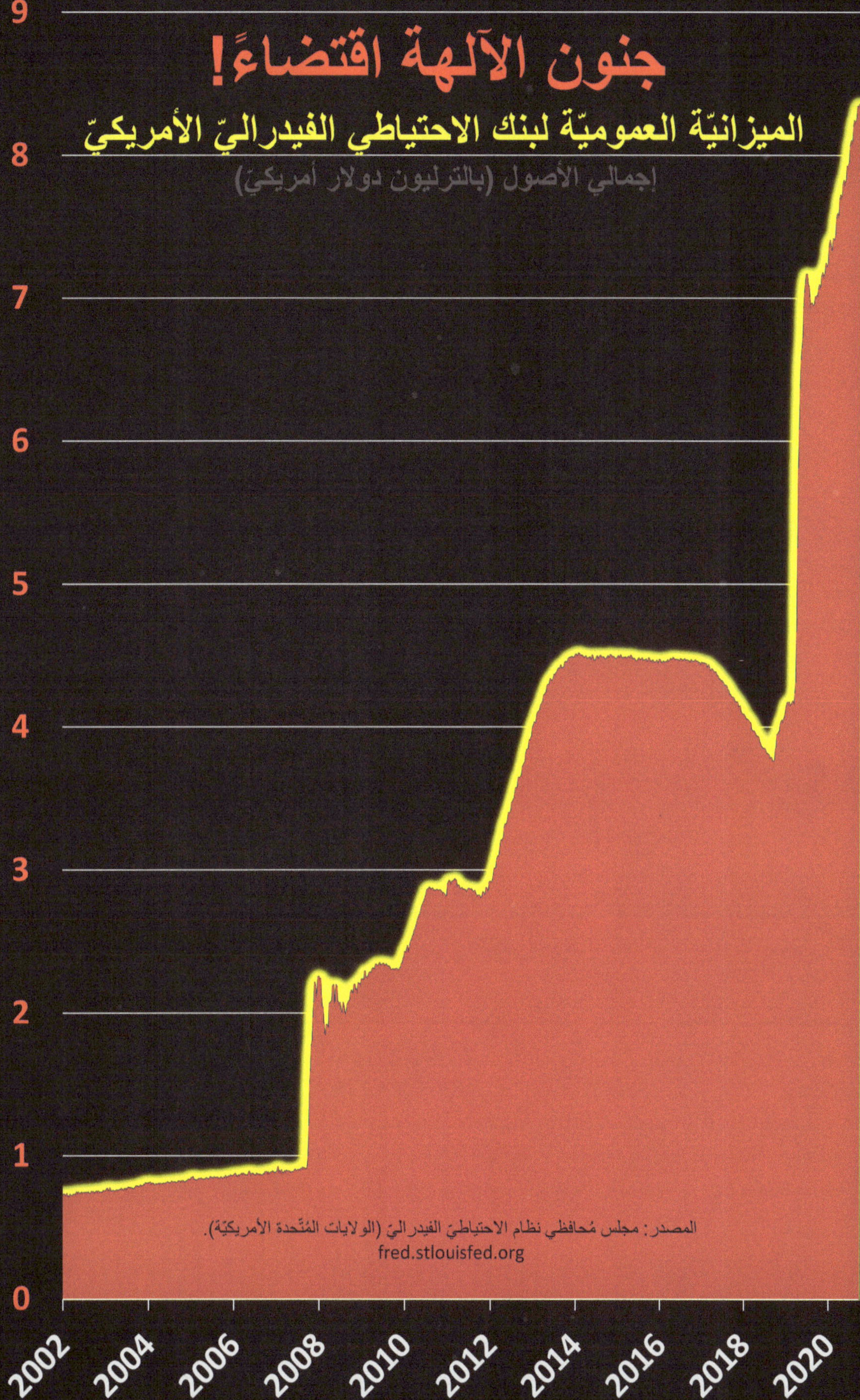
جنون الآلهة اقتضاءً!
الميزانيّة العموميّة لبنك الاحتياطي الفيدراليّ الأمريكيّ
إجمالي الأصول (بالترليون دولار أمريكيّ)
9
8
7
6
5
4
3
2
1
0
المصدر: مجلس مُحافظي نظام الاحتياطيّ الفيدراليّ (الولايات المُتّحدة الأمريكيّة).
fred.stlouisfed.org
2002
2004
2006
2008
2010
2012
2014
2016
2018
2020

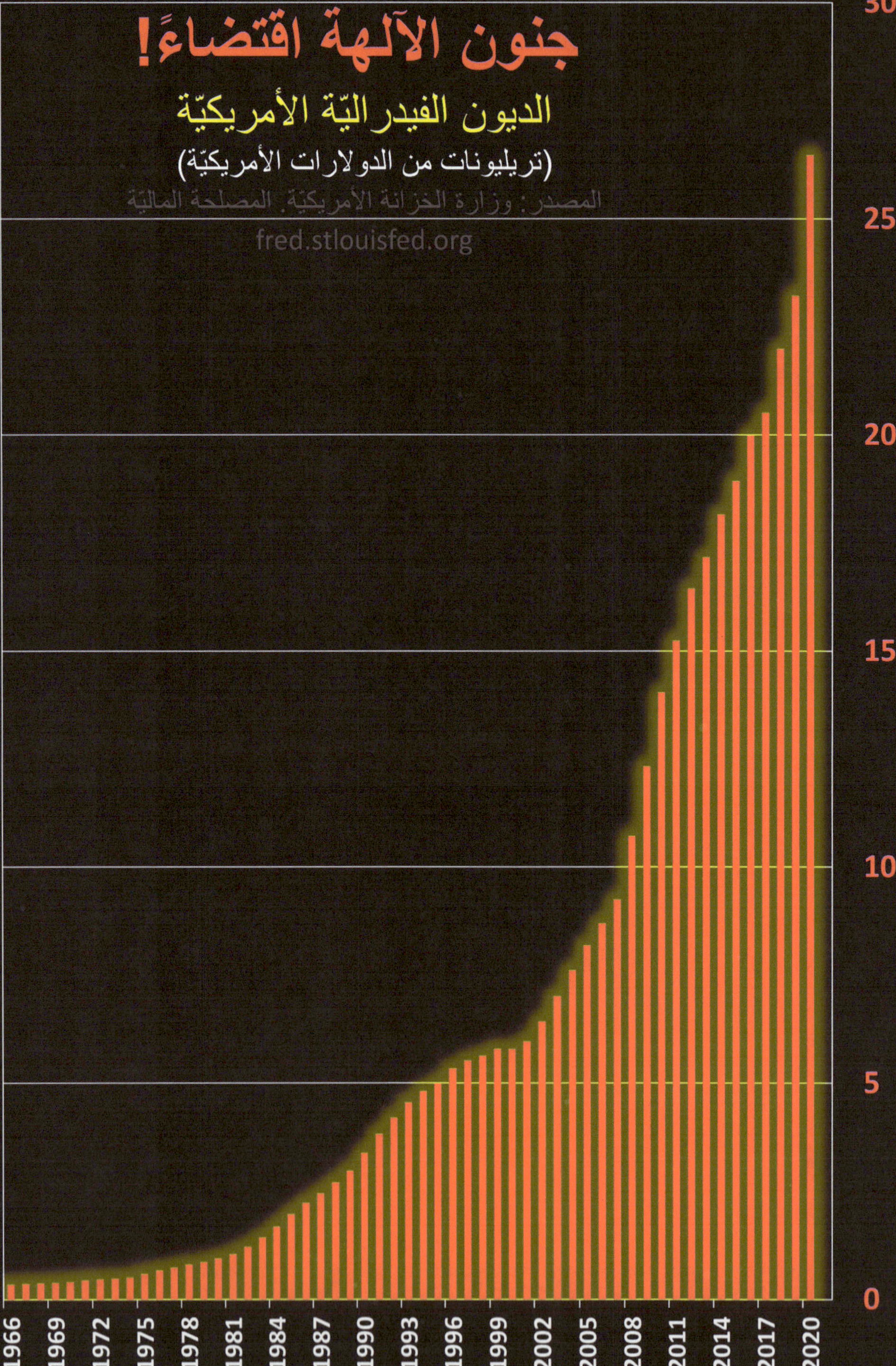
جنون الآلهة اقتضاءً!
الديون الفيدراليّة الأمريكيّة
(تريليونات من الدولارات الأمريكيّة)
المصدر: وزارة الخزانة الأمريكيّة، المصلحة الماليّة
fred.stlouisfed.org
30
25
20
15
10
5
0
1966
1969
1972
1975
1978
1981
1984
1987
1990
1993
1996
1999
2002
2005
2008
2011
2014
2017
2020

كوكبُ "الرايخ الرابع"

ومُختصَرُ القول أنّ حالة العديد من المؤسّسات مُماثلة لحالة مجموعة من "زومبي فرانكشتاين" المُختلّ وظيفيًّا، والتي تعود إلى حقبة الحرب العالميّة الثانية ويُديرها نادي "قود أُوْلْ بُويْز" Good Ole Boysمن برج عاجيّ غربيّ. مع تطوّر العالم، اليوم، فإنّ معظم نموّ السوق موجود حيث يعيشُ 96٪ من بين 7.8 مليار شخص. لقد أخطأ "خُبراء البرج العاجيّ" التقدير بالنظر فقط إلى قمّة الهرم. إذْ نحن بحاجة إلى إعادة تصميمِ الأعمال حسب منهجٍ تصاعُديّ (يُعرف أيضا بمنهج "من أسفل إلى أعلى").

لقد اسْتَحْوذ "جورج سوروس" George Soros خلال تسعينات القرن الماضي، على بنك إنجلترا مُقابل 3.3 مليار جنيه إسترلينيّ[43] وتسبّب ذلك في الأزمة الماليّة الآسياويّة فقط بجُزء بسيط من ثرْوته الطائلة.[44] ووفق الأوكسفام Oxfam، تمتلك آبل Apple وحدها أكثر من 200 مليار دولار من الأموال الخارجيّة، في حين أنّ الاحتياطيّ من النقد الأجنبيّ في المملكة المتّحدة هو أقلّ من 180 مليار دولار. مثلما تمتلك الولايات المتّحدة أقلّ من 130 مليار دولار، بينما تَسْبح الصّين في "وعاء من العسل" باحتياطيّ فاق 3000 مليار دولار. كما ستُلاحظون في الرسم البيانيّ أدناه أنّ الميزانيّة العموميّة للاحتياطيّ الفيدراليّ الأمريكيّ قد تضاعفت تقريبًا في أقلّ من ثلاثة أشهر وذلك بإضافة ثلاثة تريليونات دولار من الديون.

عاجلاً أو آجلاً، ستعود "الدجاجات إلى قُنّها لتحضُن". كم هو عدد الدولارات المارقة في الدّيْن الأمريكيّ البالغ 25 تريليون دولار (والّذي يشمل السندات الماليّة الصينيّة والروسيّة والسعوديّة) اللاّزمة لكسر مشروع الرأسماليّة الغربيّة؟

وإذا لم نضع أُسس العصر الرقميّ المستقبلّي للقرن الثاني والعشرين أو "سفينة نوح للشركات السليمة والجديدة"، فإنّنا سنعمل قريبًا كعبيد لدى ذلك الرجل الثريّ القاطن في برجه العاجيّ الصامد عند قمّة الجبل Man In The High Castle [45]. ويُحيلنا هذا أيضا إلى عنوان فلم أنتجته شركة "نتفلكس "المُتخصّصة في الأفلام الوثائقيّة الأمريكيّة.[46] وقد يُصْبح فيروس كورونا بمثابة "حصان طروادة"، إذْ سيُسهّل عمليّات تسلّل "الرايخ الرابع" إلى أراضينا.

الوضْعُ الراهنُ للشركات

" بمرور الزمن، قد يتحوّل الغضبُ إلى بهجةٍ؛ وقد يُخلّف المُحْتوى الانزعاج. إلاّ أنّ المملكة الّتي دُمِّرت ذات مرّةً لا يُمْكن اسْترجاعُها؛ ولا يُمكن أبدًا إحياءُ الموْتى. ومن ثمّة، فإنّ الحاكمَ المُسْتنيرَ يجب أن يكون مُنْتبها، وأن يكون القائد الصالح حَذِرًا. هذه هي الطريقة المُثلى للحفاظ على سِلْم الوَطنِ وسلامَةِ جُنُودِه ".

فنّ الحرب لصن تزو (221-476 قبل الميلاد)

باختصار،يمكن وصف الحالة الراهنة للشركات أشبه ما يكون مجموعة من البُقعِ المُخْتلّة وظيفيّا والمُنْدثرة منذ حقبة الحرب العالميّة الثانية، بعد أن دمّرتْها عصابة "نادي قود أولد بويز" الّتي تنعم برغد العَيش في بُرجها العاجيّ الغربيّ. ولسوء الحظّ، تحرّك العالم. فاليوم، وكما ذكرنا سابقًا، إنّ مُعْظم نموّ السوق موجود حيث يعيش 96 ٪ من 7.8 مليار شخصٍ.

ولدينا قدر ضئيل من الاهتمام وفهم متواضعٌ لهذا الوضع الّذي ستستفيد منه الصّين من خلال استعمارها الاقتصاديّ والرقميّ للعالم. فنحْن بحاجة إلى إعادة تصميم الشركات وفق منهج تصاعديّ (أو من الأسفل إلى الأعلى). لقد أخطأ القادة والأساتذة الأعزّاء في قاعات جامعة IVY التقدير بالنظر إلى قمّة الهرم، دون سواها.

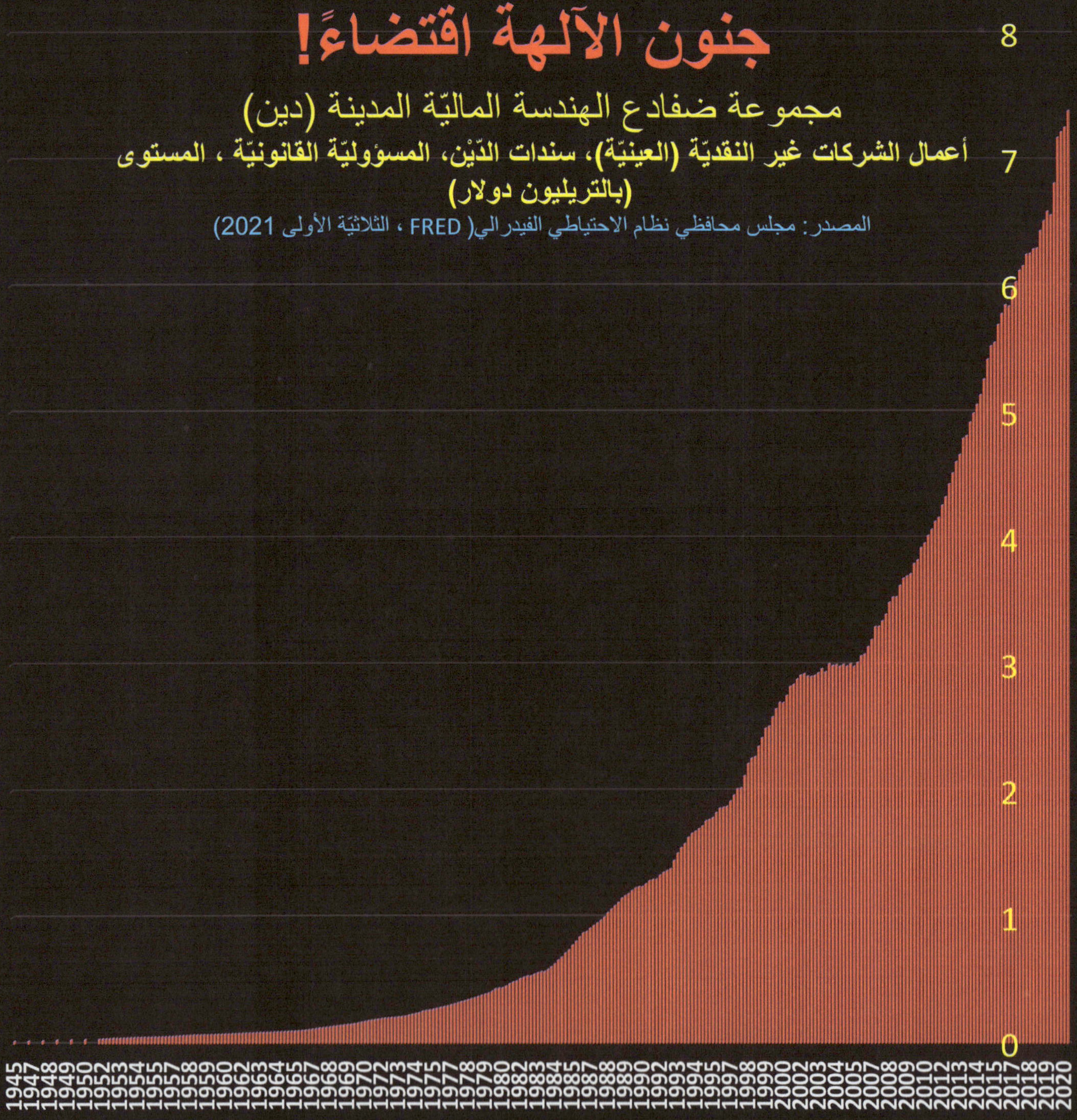

جنون الآلهة اقتضاءً!

مجموعة ضفادع الهندسة الماليّة المدينة (دين)

أعمال الشركات غير النقديّة (العينيّة)، سندات الدّيْن، المسؤوليّة القانونيّة ، المستوى (بالتريليون دولار)

المصدر: مجلس محافظي نظام الاحتياطي الفيدرالي(FRED ، الثلاثيّة الأولى 2021)

8
7
6
5
4
3
2
1
0

1945 1947 1948 1949 1950 1952 1953 1954 1955 1957 1958 1959 1960 1962 1963 1964 1965 1967 1968 1969 1970 1972 1973 1974 1975 1977 1978 1979 1980 1982 1983 1984 1985 1987 1988 1989 1990 1992 1993 1994 1995 1997 1998 1999 2000 2002 2003 2004 2005 2007 2008 2009 2010 2012 2013 2014 2015 2017 2018 2019 2020

"أليس: من فضلك، هلاّ أخبرتني ،
أيّ طريق أسْلك؟
القطّ: هذا يعتمد على اختيار مُوفّق
وعلى المكان الّذي تودّين الوصول إليه.
أليس: أنا لا أكترث لذلك.
القط: لا يهمّ كثيرا اختيار الطريق، إذن."
--- أليس في بلاد العجائب

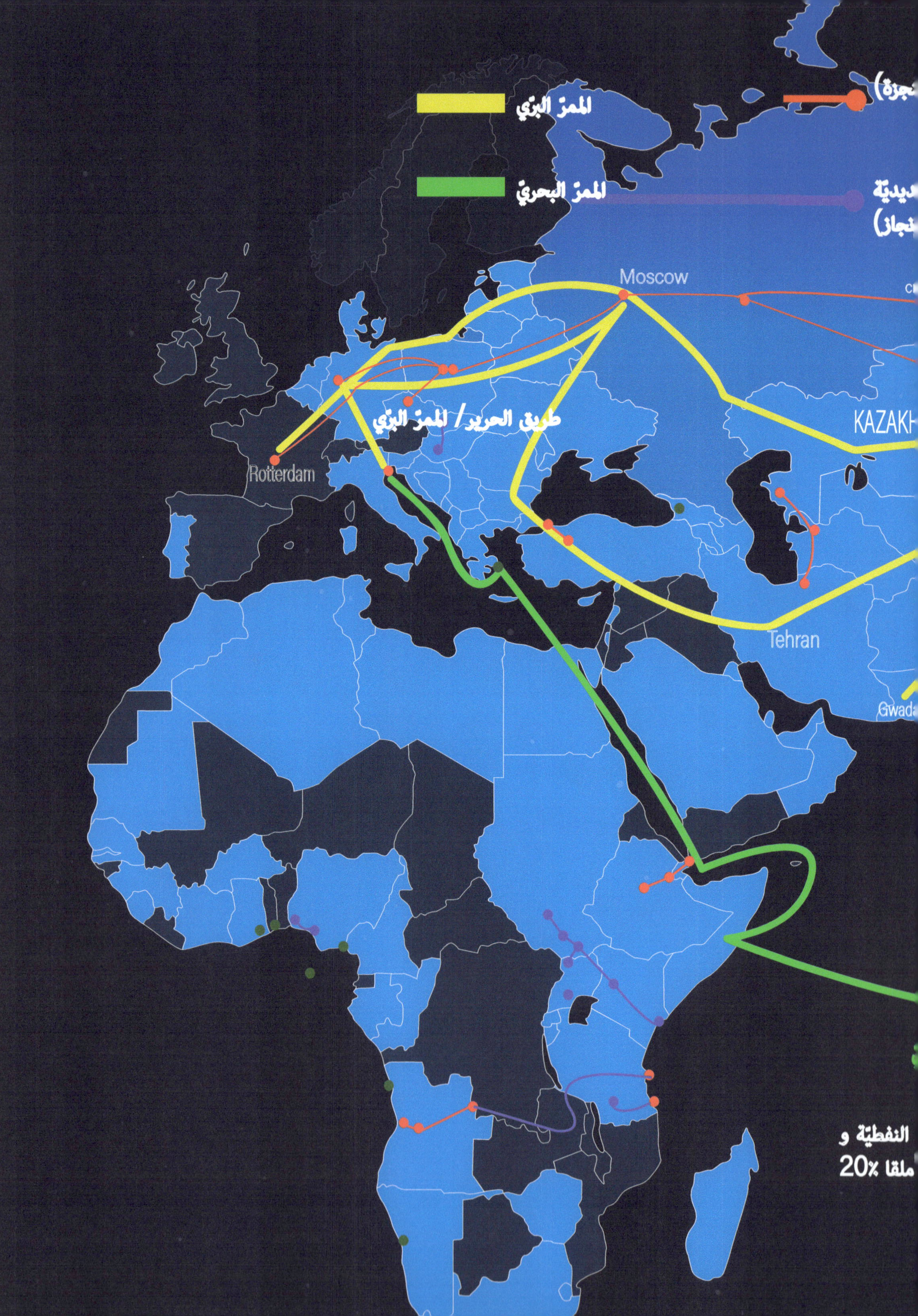

الممرّ البرّي
الممرّ البحريّ
Moscow
طريق الحرير / الممرّ البرّي
Rotterdam
Tehran

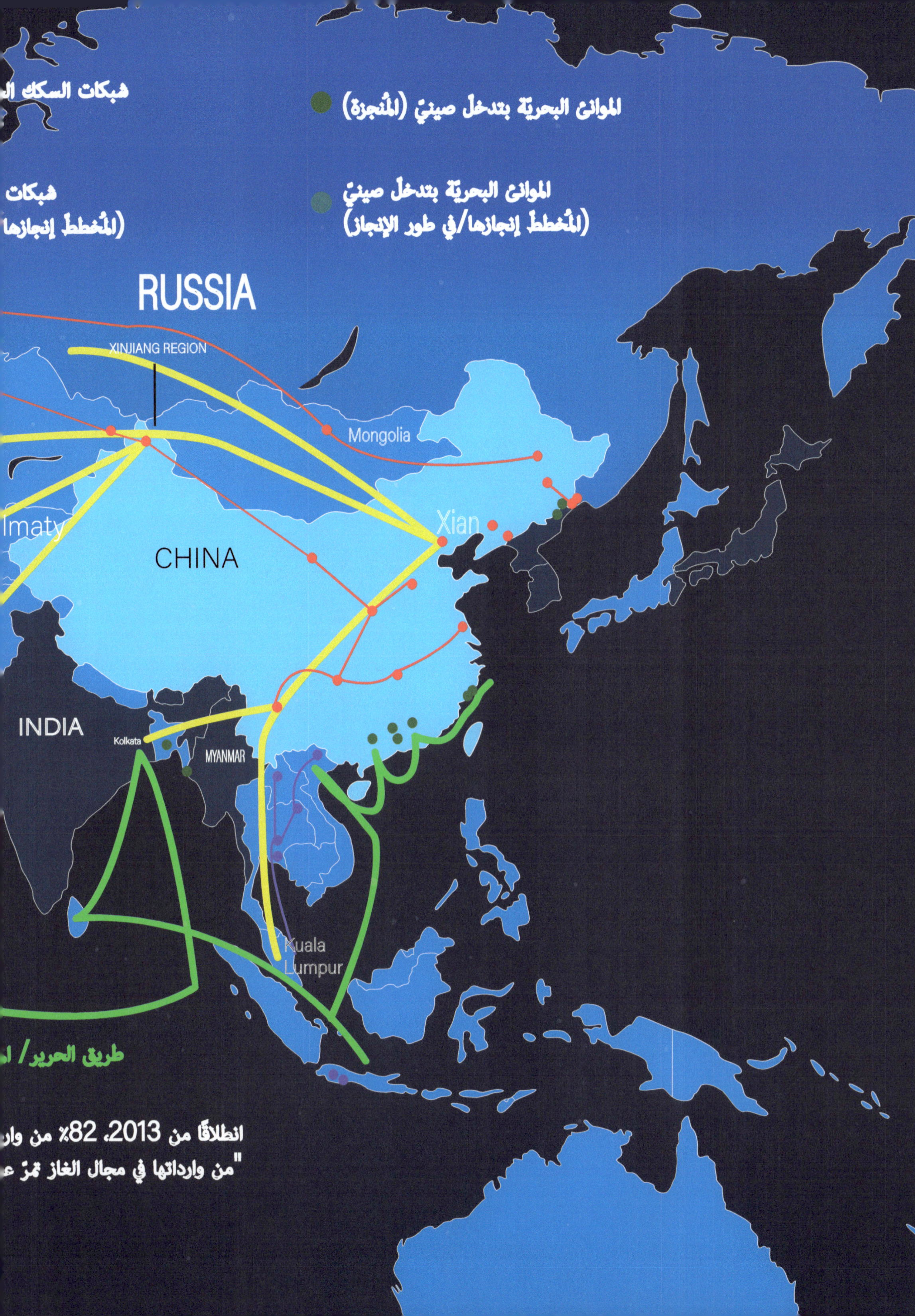

شبكات السكك ال
المواني البحرية بتدخل صيني (المُنجزة)
شبكات
(المُخطط إنجازها
المواني البحرية بتدخل صيني
(المُخطط إنجازها/في طور الإنجاز)
RUSSIA
XINJIANG REGION
Mongolia
Xian
lmaty
CHINA
INDIA
Kolkata
MYANMAR
Kuala
Lumpur
طريق الحرير/ ا
انطلاقًا من 2013، 82٪ من وار
"من وارداتها في مجال الغاز تمرّ ع

وعلى سبيل المثال لا الحصر نذكُر منهم (وبناءً على خبرتي):

- ★ أولئك الّذين يُعْرفون بـ "بائعي زيت الثعابين"[47] أو يُعْرفون كذلك بـ"الضفادع في البئر" والّذين يؤسّسون> 75٪ من البُنَى المؤسّساتيّة النموذجيّة اليوم؛ على أسس غبيّة من الغرور السياسيّ والمال الفاسد لتمويل الأعمال وتكنولوجيا المعلومات وشركاء التنفيذ والباعة الخارجيّين و"بيق4"
- ★ وكلّما ازداد حجم الثروة (حجم المؤسّسة)، تراجعت الشركة
- ★ وأكثر من 75٪ من إنجازات الشركات النموذجيّة وامتيازاتها غير مُتاحة
- ★ وأكثر من 75٪ من الشركات النموذجيّة الناجية هي بمثابة "زومبي فرانكشتاين" المُختلّ وظيفيًّا والمُسيّر بعمليات الاندماج والاستحواذ والاندماج العكسيّ والانعكاس وإدارة سلسلة التوريد الفعّالة من الناحية الضريبيّة TESCM والاستعانة بمصادر خارجيّة في العمليّة التجاريّة BPO والتحوّلات وتسريح الموظّفين والاستعانة بمصادر خارجيّة وأنماط أخرى من الهندسة الماليّة المُبالغ فيها.
- ★ وأكثر من 75٪ من تصميمات الشركات النموذجيّة سابق لعصر شبكة الويب العالميّة (WWW) - بمعنى آخر، لا تتوافق مع العصر الرقميّ. إنّ تكنولوجيا المعلومات، والمُحاسبة التقليديّة ومُعْظم وظائف الأعمال (وخاصّة المُتكرّرة منها) هي على وشك الأَتْمَتة بواسطة بوتات الذكاء الاصطناعيّ في "نظام السنترال السحابيّ". وستتطوّر أنظمة تكنولوجيا المعلومات/الأعمال من المعاملات-> التشغيليّة-> التحليلات التنبّؤيّة -> بوتات الذكاء الاصطناعيّ (الأَتْمَتة الروبوتيّة في "نظام السنترال السحابيّ").

فتُنْفِقُ الصّين تريليونات الدولارات على دعم "شبه الشركات" وقد تجاوزت فعليًّا أهدافها لسنة 2025 والّتي حدّدها الحزب الشيوعي الصّيني في عام 2015. حقًّا لقد قضَى الصينيّون بلا شفقة على مُنافسيهم الغربيّين في مجالات، كالمُنْتجات والخدمات عالية القيمة مثل 5G والبنية التحتيّة للتكنولوجيا واكتساح الفضاء و قطاع أشباه المُوصّلات. فحقّقوا بذلك الاستقلال عن المُورّدين الأجانب المُتخصّصين في هذه المُنْتجات والخدمات.

واليوم، أصبحت بنية الشركات الغربيّة المُصمّمة قبل شبكة الويب العالميّة مُتجاوَزة زمنًا ومُهْترئة. ففقدت مُرونتها وتنافسيّتها مع الشركات الشرقيّة. كما نُواجِهُ اليوم هذه التحدّيات بسبب النظام الفاسد في واشنطن العاصمة والأسهم الخاصّة وغُزاة الشركات التابعين لـ"جوردون جيكو" (المُموَّل بعضُها من الصّين) وخوارزميّات "وول ستريت" الّتي يُسيّرها "تويتر"، وما ينتج عن ذلك من تلاعُبٍ ماليّ مُبالَغٍ فِيه.

لقد أصبح قادتنا مُنفصلين عن الواقع، يسكنون في معابدهم الأصليّة للرأسماليّة المُزوّرة، أين تُطبَخُ المُخطّطات الماليّة على نارٍ هادئة. فقفز سوق الأسهم إلى نسبة فاقت 250 ٪ في السنوات العشر الماضية من غير أيّ نموّ في الإنتاج. كما أساءت هذه الهندسة الماليّة إلى الاستخدام المُناسب للميزانيّة العموميّة. إنّهم يرجّون أُسُس الرأسماليّة، ذاتها.

و"في هذا السيناريو المُتّسم بالتباطؤ في الاقتصاد الماديّ، و بحدّة قد تبلغ نصف حدّة الأزمة الماليّة العالميّة، يُمْكن أن ترتفع ديون الشركات المُعَرَّضة للخطر (الديون المُسْتحقّة على الشركات غير القادرة على سداد نفقات الفوائد من خلال أرْباحِهَا) إلى *19* تريليون دولار- أو ما يُقارب الـ *40* في المائة من إجماليّ ديون الشركات في الاقتصادات الكبرى- لتتجاوز مُسْتويات الأزْمة".

تقرير حول الاستقرار الماليّ العالميّ، صندوق النقد الدوليّ (2019)[48]

ويندمجُ العديد من الشركات الكبيرة اليوم بشكل رئيس في تكتّلات ميّتة من عمليّات الاندماج والاسْتحواذ والاندماج العكسيّ والانعكاس وإدارة سلسلة التوريد الفعّالة من الناحية الضريبيّة TESCM والاستعانة بمصادر خارجيّة في العمليّة التجاريّةBPO والتحوّلات وتسريح العمّال والمُوَظّفين والاسْتعانة بمصادر خارجيّة وأنماط أخرى من الهندسة الماليّة المُبالغ فيها. ستترك غالبيّة هذه الشركات مصيرها بأيدي نسور الملكيّة الفكريّة(IP) الصينيّة كما هو مُوضّح في الرسم البيانيّ أدْناهُ:

كما"يجب أن نُدْرك أنّ الشركات الصينيّة، بدعْمٍ عموميّ جُزئيّ، تُحاول بشكلٍ مُتزايد شراء الشركات الأوروبيّة الّتي يكون الاسْتحواذ عليها مُنخفض الثمن أو الّتي واجهت صعوبات اقتصاديّة بسبب جائحة كورونا ... وستكون الصّين أكبر منافس لنا في المستقبل، اقتصاديًّا واجتماعيًا وسياسيًّا... كما أرى الصّين مُنافسًا استراتيجيًا لأوروبا،

ذا نموذج مُجتمعيّ سلطويٍّ، يرغب في تعزيز نفوذه وافتكاك مكان الولايات المتّحدة، كقوّة رائدة ...

لذلك يتعيّن على الاتّحاد الأوروبيّ أن يتفاعل بطريقة مُنسّقة ووضع حدّ **لجَوْلة التسوّق الصينيّة**"

مانفريد فيبير،

(رئيس كتلة حزب الشعب الأوروبيّ في برلمان الاتّحاد الأوروبي) أخبار 2020-05-17 NPR

جنون الآلهة اقتضاءً !

صعود وسقوط الإمبراطوريّة النموذجيّة

الهندسة المرنة

الاكتتاب (وول ستريت)

الجيل الثاني من رجال الأعمال

الجيل الأوّل من رجال الأعمال

رجال الأعمال

إدارة الجودة الشاملة / ISO

خفض التكلفة (البحث والتطوير على وجه الخصوص)

سيكس سيغما

تعهيد العمليّات التجاريّة (BPO)

تسعير التحويل ، عمليات الاندماج العكسي ، إلخ.

إدارة سلسلة التوريد الفعالة من الناحية الضريبية

إعادة الهيكلة

المكسب السهل والثمار سهلة المنال

إعادة شراء الأسهم

الاستحواذ على الرفع الماليّ PE

الفصل 11

الهندسة الماليّة المُفرطة

بيني وايز المحاسبة بالجنيه الأحمق

الدفع التنفيذيّ على المدى القصير

مُستشارو BIG4
PRICE2/PMBOK/SCRUM

BPR
المعياريّة
بنشماركينغ

MFGعقد

تحويل

تسريح العمّال

الزمن

النسور ذات السيادة (الصين)

Ay Yi Yai Yi! We are in the middle of The New World Order!

جنون الآلهة اقتضاءً![49]

رحْلتي من أرض الشيوعيّة إلى نموذج الرأسماليّة

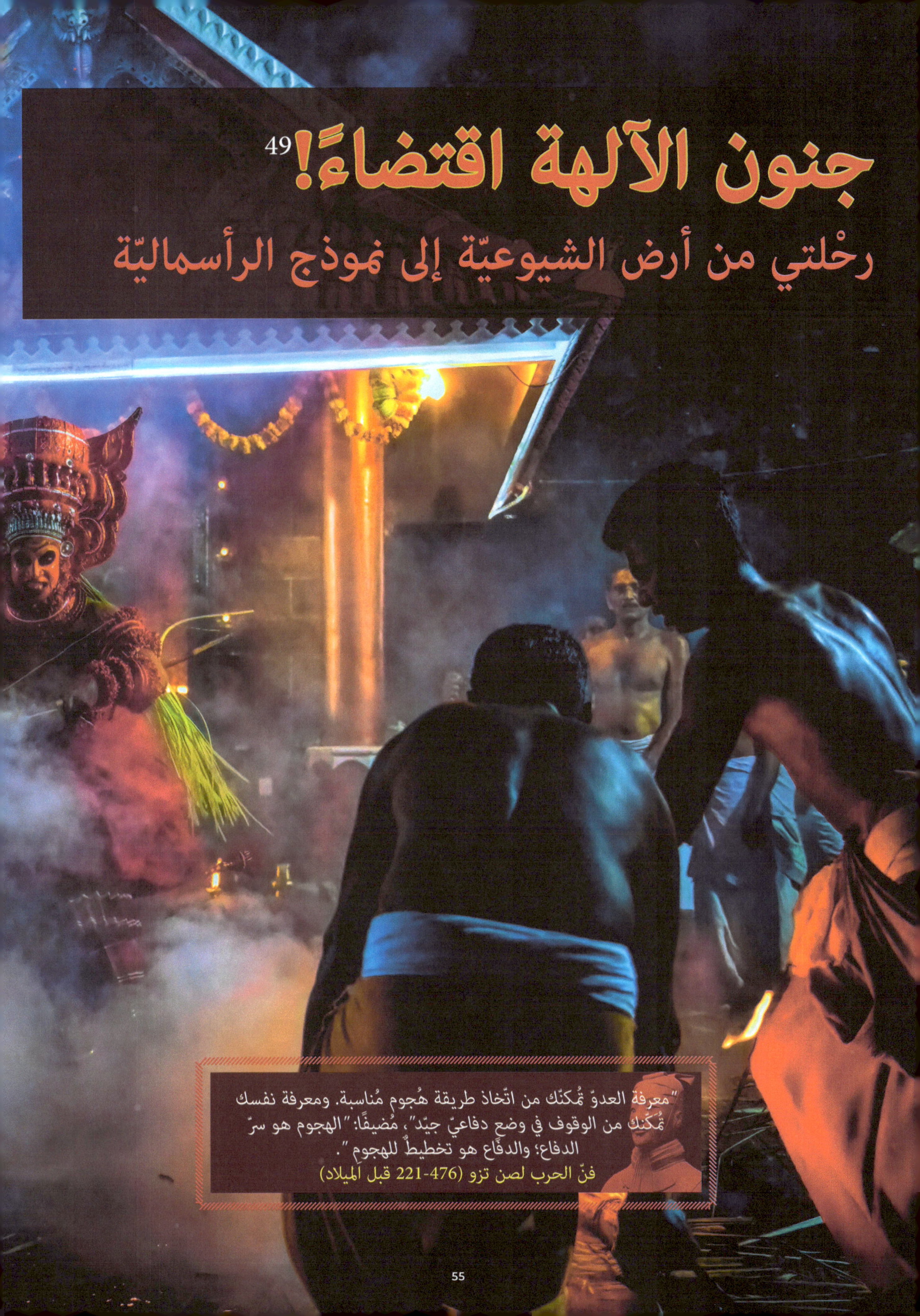

"معرفة العدوّ تُمكنّك من اتّخاذ طريقة هُجوم مُناسبة. ومعرفة نفسك تُمكّنك من الوقوف في وضع دفاعيّ جيّد"، مُضيفًا: "الهجوم هو سرّ الدفاع؛ والدفاع هو تخطيطٌ للهجوم".

فنّ الحرب لصن تزو (476-221 قبل الميلاد)

دَعُوني أعترف. أنا راعي بقر رأسماليّ ضالّ و ابن لأب وأمّ اشتراكيّيْن قَدِمَا من بلاد الله: كيرالا، الهند. وبفضل المدارس الكاثوليكيّة، الّتي يُديرها مُبشّرون أتى بهم المُسْتعمرون الأوروبيّون، اِنْتُخب الشيوعيّون بطريقة ديمقراطيّة لأكثر من نصف قرن في ولاية كيرالا مثلما انْتُخب ماركس ولينين وستالين وتشي الّذين صار الناس يعبدونهم بصفة آلهة كِبار. وبالرغم من كوننا ننتمي إلى الطبقة الوسطى، لم يكن والداي، اللّذان كانا مُدرّسيْن، يتمتّعان برفاهيّة قضاء الإجازات في ذلك الوقت. ولهذا السبب، أمضيْتُ معظم الإجازات المدرسيّة في مكتبة كُليّة أبي، أُطالع قصَص الرحلات إلى الغرب.

ولم يكن لدينا تلفزيون في المنزل، والفلم الوحيد الّذي شاهدته برفقتهما في قاعة سينما، كان "غاندي". ومن المُفارقات، أنّني أصبحت اليوم مهندسًا في شركة EPM ومعارض أعمالها الأولى في العالم،AMC Theatres، الّتي يَمْتَلكُها أثرى رجل صينيّ، سابقًا. وكنتيجة لتحريري، أو ربّما كعمل انتقاميّ وعلى مدى العقديْن الماضييْن، أهدرت الأموال الّتي كسبتها زوجتي الكادحة من مُطاردة الطيور والتقاط الصور عالية الجودة بواسطة جهاز الكاميرا الخاصّ بي، في براري 20 دولة من هذا العالم الفسيح. كما بفضل برنامج القيادة التنفيذيّة الصينيّ[50] (*GIFT executive leadership program* (https://global-inst.com/learn/ - في حقول القتل في كمبوديا[51]، وجدت العزاء من خلال الرحلات في أدغال شيانغماي وتشيانغراي ولاوس وميانمار بحثًا عن "نبيذ الأفعى"[52]. وأثناء احتساء "نبيذ الأفعى"، كنت دائمًا أتساءل، كيف لهذه البلدان الغنيّة بالموارد الطبيعيّة أن تكون فقيرة جدًا؟ (وتبعًا لبحث هيرناندو دي سوتو Hernando de Soto، تمتلك هذه البلدان ثروة أكبر من أسواق الأسهم الغربيّة الاثني عشر الرئيسة، مُجْتمعةً). ومع ذلك، فهي مُسْتَعْمَرة اقتصاديًّا من قِبَل الصين وتتسوّل لدى الجمعيّات الخيريّة الغربيّة القائمة على غسيل الأموال.

في هذا العصر "المُستقرّ الجديد"، يفقد العالم الثقة في "مطبعة عُمُـــلات حكوميّة غير منظّمة توجد في طائرات هليكوبتر" (التيسير الكميّ[53] (QE)) . ومن المفارقات، أنّ المعدن الأصفر (الذهب) عديم الفائدة، أصبح مرّة أخرى مقياسا لتحديد ثروة الأمم والأثرياء القذرين. ولأكثر من قرن، امتصّت الولايات المتّحدة معظم احتياطيّ الذهب المُعْلن عنه في العالم، بحوالي 8000 طن متريّ. وخلفها، كان الحُرّاس الأوروبيّون القُدامى يحملون 10000 طن أخرى. وقد تُصدّق أو تُكذّب، حسب تقارير مجلس الذهب العالميّ(WGC) ، أنّ أفقر فقيرات الهنديّات يُخبّئن بشكل غير قانونيّ أكثر من 25000 طن من المعدن الأصفر ذاته تحت مَرْتباتهن (وهو اقتصاد ما تحت الأرض). وبحثًا عن إجابات لـ"لغز رأس المال"، صرتُ أحد "عبدة الفودو" لهيرناندو دي سوتو وكتابه: "لغز رأس المال: لماذا تنجح الرأسماليّة في الغرب وتفشل في كلّ مكان آخر؟"

اسمحوا لي أن أشاركم بعضًا من تجاربي الشخصيّة حول هذا اللغز. لقد استغرق الأمر من والديّ حوالي ثلاثة عقود لبناء منزلهما بعد توفير 97٪ من تكلفة تشييده. وتطلّب منهما هذا الأمر عقدًا آخر لسداد 3٪ المُتبقّية بسعر فائدة 30٪ من "قروش القروض" (المتحكّمين في كلّ القروض). ولكوْني راعي بقر رأسماليّ ضالّ، لم أدّخر أيّة أموال حتّى الآن. وحتّى أكون صريحًا، لم تكن لديّ ثقة كبيرة في قطعة الورق الّتي لا معنى لها والّتي تقول: "إنّنا نثقُ بالله".

"ساعة الانتصار العظيم للرأسماليّة هي ساعة أزمتها".

هيرناندو دي سوتو

(سرّ رأس المال: لماذا تنجح الرأسماليّة في الغرب وتفشل في أيّ مكانٍ آخر؟)

وحينما كان الجميع يتخلّصون من ديونهم الماليّة خلال التسونامي الاقتصاديّ لسنة 2008 صرتُ "نُسخة مُطابقة للأصل" لـ"جوردون جيكو" لأجل الاستفادة من الرأسماليّة. إذْ تمكنْتُ من اقتناص عقاريْن أيقونيّين في أمريكا الشماليّة (تُقّدر تكلفتهما بأكثر من مليون دولار) ، في غضون عامين. وتمتّعت بقرضٍ عقّاريّ بنسبة 97٪. وذلك في غضون بضعة أشهر، قمت بإعادة جدولته وصرفت أكثر من 1000٪ من الدفعة الأولى لقرضٍ آخر سأدفع أقساطه على امتداد 30 عامًا بسعر فائدة يبلغ 3٪ تقريبًا.

كما سعيتُ أيضًا إلى حساب الرهانات في الأسواق الدوليّة والمياه المُوحلة للعُمْلة. فكانت مُثمرة بشكل لافت للانتباه. كما زُرْت الصّين عدّة مرّات أيضًا (إضافة إلى برنامج القيادة التنفيذيّة *GIFT executive leadership program* (https://global-inst.com/learn) ، كنت مسؤولاً عن PMI China بصفتي مُديرا لـPMI Asian Regional Mentor أيضًا). واستفدتُ أيضا من سوق الهندسة الماليّة المُبالغ فيها وعملتُ من جديد في صلب شركة EPM منذ اندلاع التسونامي الاقتصاديّ لعام 2008، لينتهي بي المطاف بالاستقرار في عالم" BIG4". وكلّما دقّقت النظر في مجال التمويل الغربيّ، أحْسستُ بخيْبة أملٍ أكبر.

لقد غزا "النمل الأبيض" للهندسة الماليّة الإطار الرأسماليّ المركزيّ الغربيّ الّذي بناه روزفلت. إنّه ينهار اليوم كبيْتٍ من ورق ! ويكمن سبب ذلك في الاستبداد الشيوعيّ (EAST) الّذي استبدّ بالعالم اقتصاديًا من خلال دبلوماسيّة "فخّ الدّيون". وإثر عقديْن من الزمن، بدا لي أنّني سأحتاج إلى العودة عبر طريق الغضب لـ"ماد ماكس" وتسلّق ممرّ ضيّق عبر الجبال بين أنقاض الرأسماليّة المُتبقّية من إرْث روزفلت.

Ay Yi Yai Yi! We are in the middle of The New World Order!

النظامُ العالميُّ الجديدُ

تستند كلّ الحروب إلى فنّ الخداع. وبالتالي، عندما نكون قادرين على الهجوم، يجب أن نبدُوَ غير ذلك؛ وعند استخدام قُوّتنا، يجب أن نبْدُوَ غير أقوياء؛ وحينما نقترب، يجب أن نجعل العدوّ يعتقد أنّنا بعيدون؛ وعندما نكون بعيدين، يجب أن نَخْدعه ليعتقد أنّنا قريبون منه.

فنّ الحرب لصن تزو (221-476 قبل الميلاد)

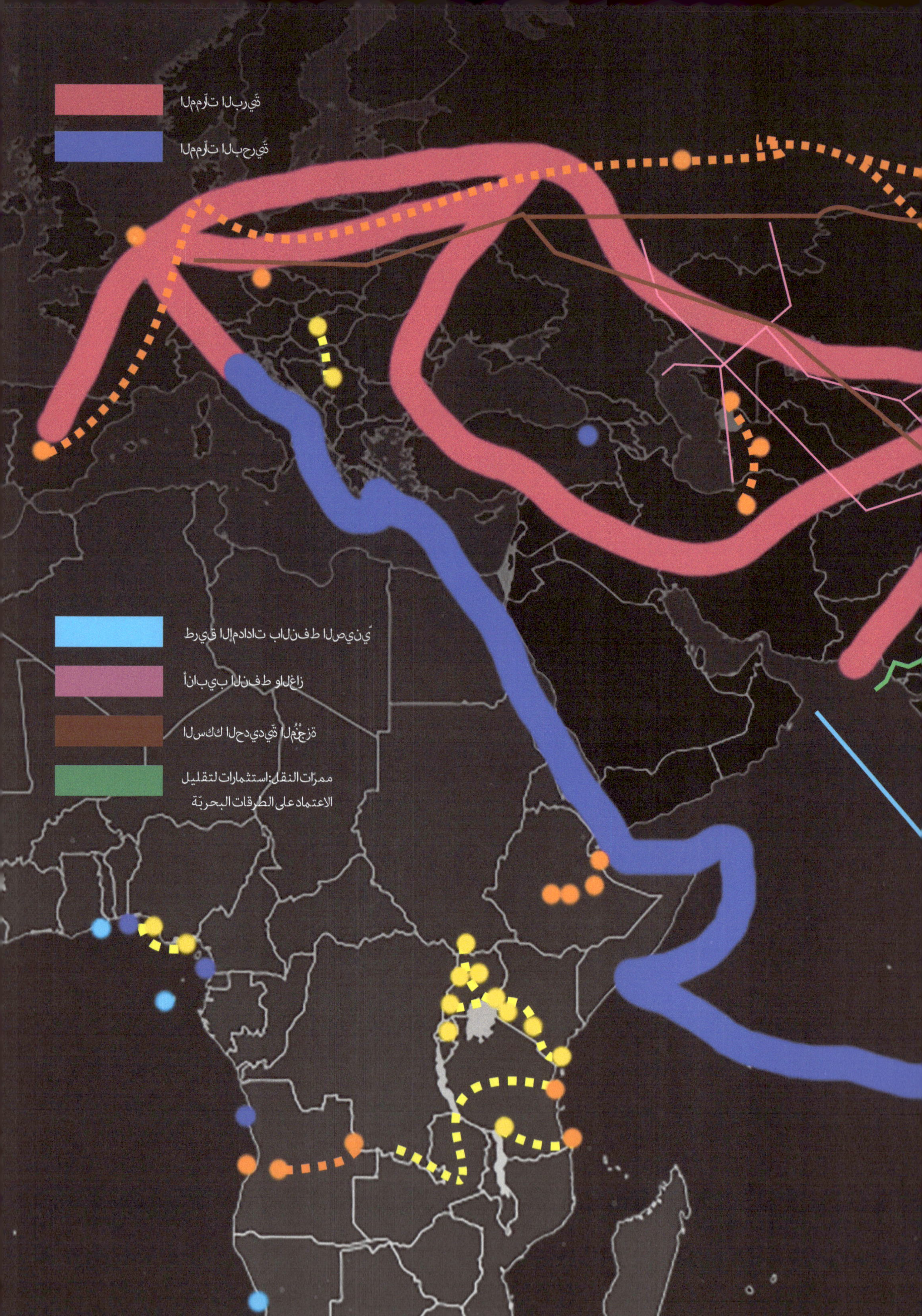
الممرّات البريّة
الممرّات البحريّة
طريق الإمدادات بالنفط الصينيّ
أنابيب النفط والغاز
السكك الحديديّة المُنْجزة
ممرّات النقل: استثمارات لتقليل
الاعتماد على الطرقات البحريّة

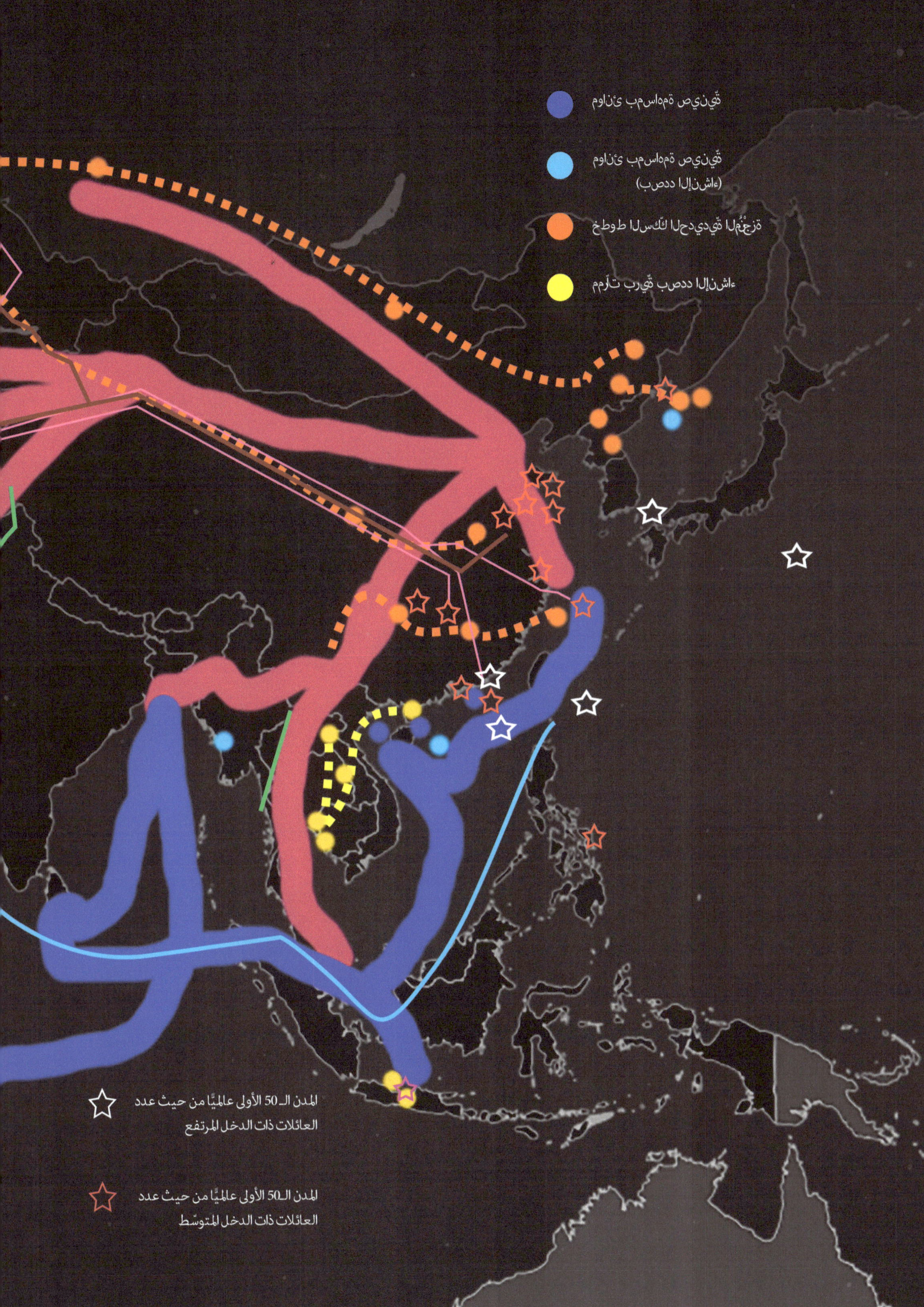
موانئ بمساهمة صينيّة
موانئ بمساهمة صينيّة (بصدد الإنشاء)
خطوط السكّك الحديديّة المُنْجزة
ممرّات بريّة بصدد الإنشاء
المدن الـ50 الأولى عالميًّا من حيث عدد العائلات ذات الدخل المرتفع
المدن الـ50 الأولى عالميًّا من حيث عدد العائلات ذات الدخل المتوسّط

بينما كنت في حَجْر صحيّ بسبب جائحة كورونا، أُتيحت لي الفرصة للإجابة على: "كيف وجدتُني" في نموذج الرأسماليّة، هذا؟ بفضل آل روزفلت، أصبحنا، نحن، الولايات المُتّحدة، إمبراطوريّة استثنائيّة على الكرة الأرضيّة قبل قرن من الزمن. ولسوء الحظّ، يبدو أنّ قطعة الجُبْن قد أُعيدت الآن إلى مِنْ حيث جئتُ (أي الشرق).

لي دراية بكيفيّة نهوض الإمبراطوريّات وسقوطها. وعلى سبيل المثال، تُعدّ "شركة الهند الشرقيّة الهولنديّة" أضخم الشركات إلى حدود هذا اليوم، وتعود نشأتها إلى القرن السابع عشر (بحوالي 10 تريليونات دولار) و"شركة الهند الشرقيّة البريطانيّة" في القرن الثامن عشر (بحوالي 5 تريليون دولار)، وكلّ ذلك كان تحت وطأة "سَوْطِ الاستعمار" وسرقة الدولارات من أجْدادِي (في الهند). لقد استمرّت كلّ شركة من هذه الشركات والإمبراطوريّات لمائتيْ عامٍ.

لقد أثارت فُضولي قصّة نهوضها وسُقوطها المُثيرة للتفكير. فكيف تُقَارَنُ حكاياتُها بشركات وإمبراطوريّات الوضع الراهن؟ لقد أصبح جليًّا أنّ الإمبراطور المُستقبلّي المُسْتبدّ قادم ليقرع بابنا مرّة أخرى حتّى يستعمرنا اقتصاديًّا (ورقْميًّا)، تمامًا كما حصُل لأجدادي. وفي فترة ما بعد جائحة كورونا، حيث تسلك الصّين مسارًا مُتسارعًا للغاية، أخشى أن نتداعى كسكاكِين. وعوْدًا إلى التاريخ الدمويّ للإنسانيّة، لا يَسَعُني إلاّ أن أتساءل عن نوع "الوضع الطبيعيّ الجديد" الّذي ينتظرنا.

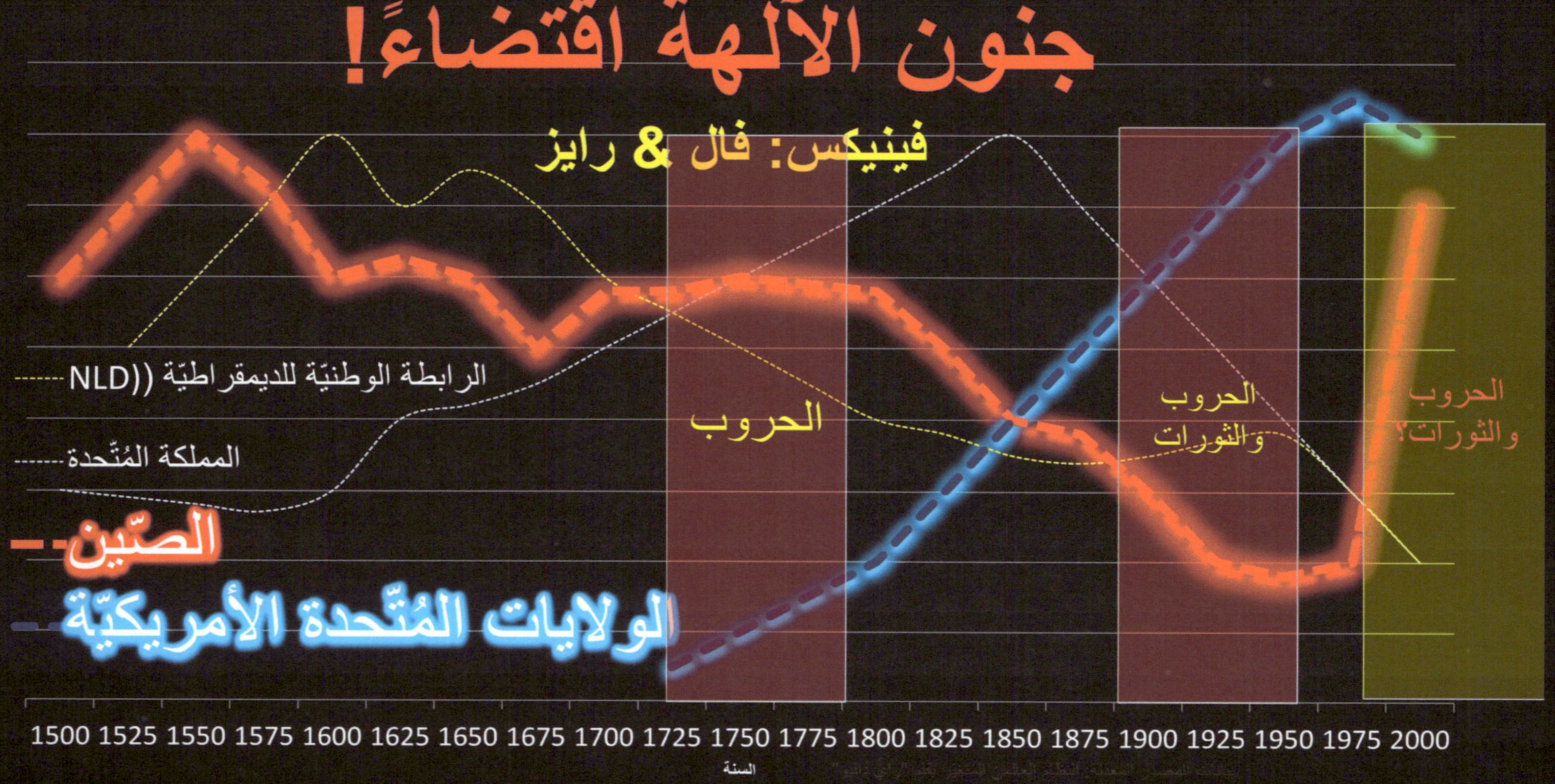

جنون الآلهة اقتضاءً!

فينيكس: فال & رايز

NLD)) الرابطة الوطنيّة للديمقراطيّة

المملكة المُتّحدة

الصّين

الولايات المُتّحدة الأمريكيّة

الحروب

الحروب والثورات

الحروب والثورات؟

1500 1525 1550 1575 1600 1625 1650 1675 1700 1725 1750 1775 1800 1825 1850 1875 1900 1925 1950 1975 2000

السنة

Ay Yi Yai Yi! We are in the middle of The New World Order!

Ay Yi Yai Yi! We are in the middle of The New World Order!

$INDU Dow Jones Industrial Average INDX
20-Mar-2020
@StockCharts.com
Open 25590.51 High 27102.34 Low 18917.46 Close 19173.98 Volume 10.8B Chg -6235.38 (-24.54%)
$INDU (Monthly) 19173.98
"الشركة كما نعرفها،
والّتي يبلغ عمرها الآن 120 عاماً،
من غير المحتمل أن تبقى نشطة خلال الـ 25 سنة القادمة.
قانونيا وماليا، بإمكانها الاستمرار.
لكن ليس من الناحية الهيكليّة والاقتصاديّة".
-بيتر دراكر
EPM
(عصر الهندسة الماليّة)
CORONA
(البجعة السوداء)
فجر أنظمة (تكنولوجيا المعلومات)
(معيار الذهب RIP بريتون وودز)
أصول المؤسّسة
(داو جونز)
"نخزن الذهب لأننا لا نثق في الحكومات"
الرئيس هربرت هوفر

هيْكلةُ الشركاتِ ونِظامُهَا الجديدُ

سأختبر فرضيّتي مُستعينًا بتنبّؤات أستاذي المحبوب الّذي درّسني في "ماجستير إدارة الأعمال" *MBA*، مُنْذ عقديْن ونصف:

"الشركات كما نعرِفُها، الّتي تبلغ الآن *120* عامًا من العُمر، من غير المُحْتمل أن تصمُد على مدى السنوات الخمس والعشرين القادمة. قانونيّا أو حتّى ماليّا، أجل ! لكن، ليس من الناحية الهيكليّة والاقتصاديّة".

بيتر دراكر Peter Drucker، سيركا 2000

"كلّ مملكة مُنْقسمة من الداخل، مصيرُها الخراب،
ولن يصْمُد أيُّ منزلٍ أو أيّ مدينةٍ (مُنقسم/مُنقسمة) من الداخل"
فنّ الحرب لصن تزو (221-476 قبل الميلاد)

فرضيّتي، الّتي طوّرتُها منذ آخر تسونامي اقتصاديّ، تنبني على موشّر "داو جونز (*Dow Jones*). وهي كما يلي:

المبادئ الرئيسة لفرضيّتي

يعتمد بقاء المشروع سِرّيًّا على نجاح النُظم البيئيّة المُحيطة به. ويعتمد النظام البيئيّ بدوره على رعاية إمبراطوريّة العرابّ الخاصّة به.

أعتقد أن بقاء إمبراطوريّة العرّاب مُتوقّف على مقاييس مُحدّدة للقوّة. وهي:

1. الريادة
2. تعليم العلوم والتكنولوجيا والهندسة والرياضيات (STEM)
3. البحوث والتكنولوجيا الإستراتيجيّة
4. هندسة البنية التحتيّة
5. الهندسة الرقميّة
6. إدارة المعرفة
7. الدبلوماسيّة
8. العملة العالميّة ومعيار الذهب
9. الإلكترو-دولار
10. رأس المال والسيولة
11. الأمن
12. استراتيجيّات التحوّل الرقميّ الكبرى وضوابِطُها

وإليكم كيف ازدهرت إمبراطوريّات العرابّين واندثرت في القرون الأربعة الماضية:

جنون الآلهة اقتضاءً !

صعود وسقوط الإمبراطوريّة النموذجيّة

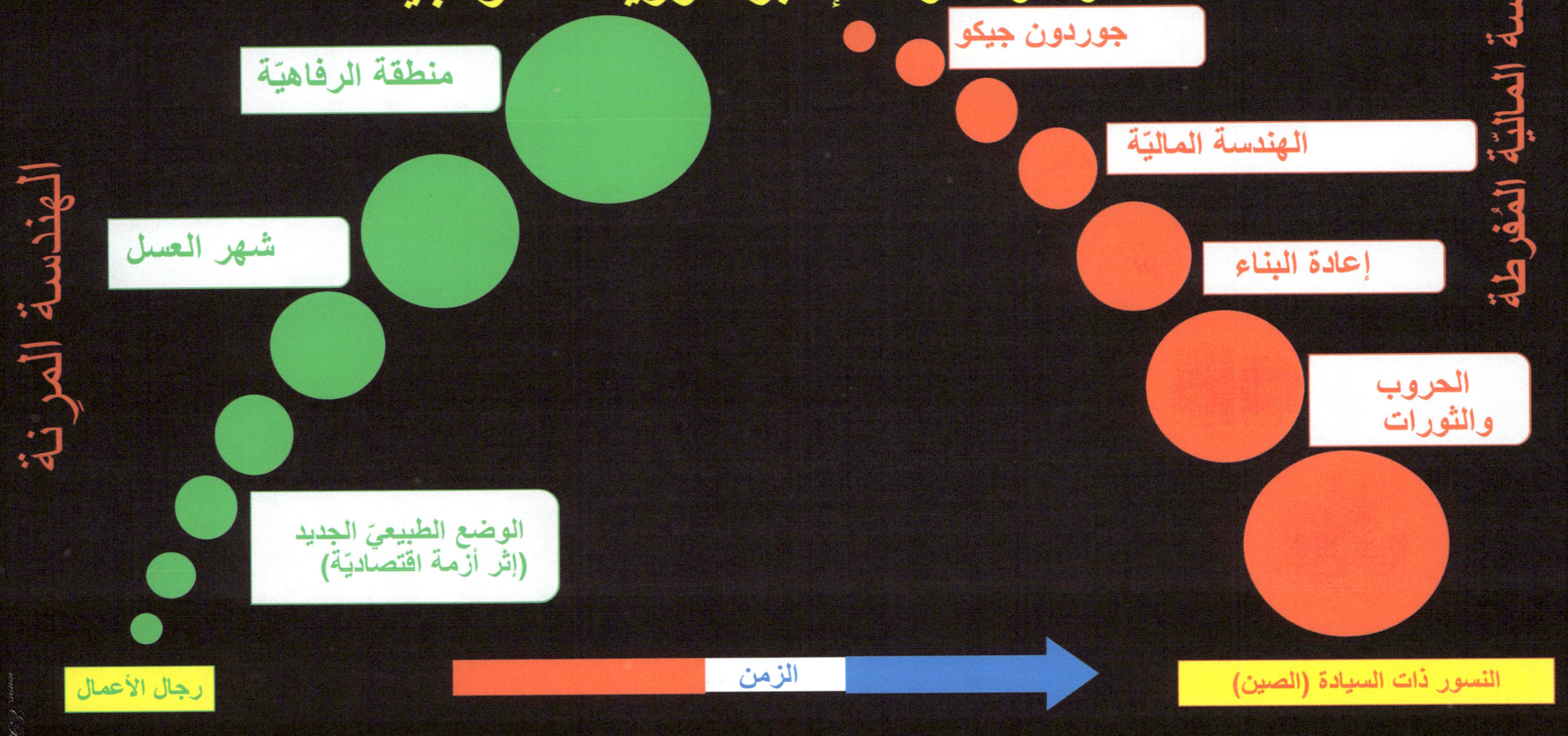

الهندسة المرنة

رجال الأعمال

الوضع الطبيعيّ الجديد
(إثر أزمة اقتصاديّة)

شهر العسل

منطقة الرفاهيّة

جوردون جيكو

الهندسة الماليّة

إعادة البناء

الحروب
والثورات

النسور ذات السيادة (الصين)

الهندسة الماليّة المفرطة

الزمن

Ay Yi Yai Yi! We are in the middle of The New World Order!

"لا تنْسَ أصْلك. أنت لم تُخْلق حتّى تعيش كأولئك المُتوحّشينبل خُلِقت لاتّباع الفضيلة والمعرفة".

دانتي أليغييري Dante Alighieri

Ay Yi Yai Yi! We are in the middle of The New World Order!

ففي بداية كلّ إمبراطوريّة، هناك فترة مماثلة لشهر العسل، وهي فترة من الانسجام والازدهار القبَليّ. ولكن عندما تقع تلك الإمبراطورية في منطقة الشعور بالإطمئنان الخاصّة بها، فهي تُفْرط في الثقة بنفسها. لذا، يتغيّر أسلوب حياتها. ومع تغيّر نمط حياتها، تُصبح جشعةً. والجشع هو أساس الرأسمالية، الّذي أدّى إلى عصر "غوردون جيكو"[54] (فهو رمز الجشع الشديد في الفلم الكلاسيكيّ "وول ستريت" الحائز على جائزة الأوسكار) للرأسمالية المُسْتَحْوِذة على كلّ شيء. إنّ هذا التشويق في ركوب الفُقّاعة، سيؤدّي حتمًا إلى مستويات أعلى وأعلى بكثير من هرمون التستوستيرون. وذات يوم، ستنفجر الفُقّاعة، وسنبدأ في تشويه الواقع (الهندسة الماليّة). وسيأخذنا ذلك الواقع المُشوّه إلى تحرّكات تكتونيّة (نظريّة الصفائح المُتحرّكة) أكثر أهميّة. وإثر ذلك سنبدأ في "طهْي الكتب" من خلال التيسير الكَمّيّ[55]. أخيرًا، وعندما يندلع "التسونامي الاقتصاديّ"، ستندلع الحروب والثورات بدورها. وسيجتمع كلّ "الزبّالين"، معًا، وسيُقرّرون النظام القبليّ الجديد. ذلك ما نعيشه اليوم.

لسوء الحظّ، أمريكا ! لقد **انتهى الشوط الأوّل، وشوطنا الثاني على وشك أن يبدأ**[56]!

كم تمنّيت بصدْقٍ أن نكون قد لعبنا "في الغرب" أوراقنا الرابحة بشكل صحيح، حتّى **نتفوّق أيضا في الشوط الثاني**.

"لا تنسَ أصْلك. أنت لم تُخْلق حتّى تعيش كأولئك المُتوحّشينبل خُلِقت لاتّباع الفضيلة والمعرفة".

دانتي أليغييري Dante Alighieri

كان لدينا على مدار عقدين من الزمن "تِنّينٌ هائل". كان يهزّ زجاجة الشمبانيا الخاصّة به وينتظر بفارغ الصبر فرقعة الفلّين في حقبة ما بعد جائحة كورونا. إنّه التنّين الصينيّ الّذي يُهرول في مسارٍ تصاعديّ، ونحن نتهاوى بسُرْعة فائقة، ممّا زاد من شدّة التهديد المُحْدِق بنا. أعتقد بكُلّ صِدْق، أنّه بإمكاننا، على الأقلّ، تخْفيفُ مُنحَنى التقهقر هذا، وتجنّب التحوّلات الكارثيّة إذا لعِبْنا أوْراقنا بشكلٍ صحيحٍ.

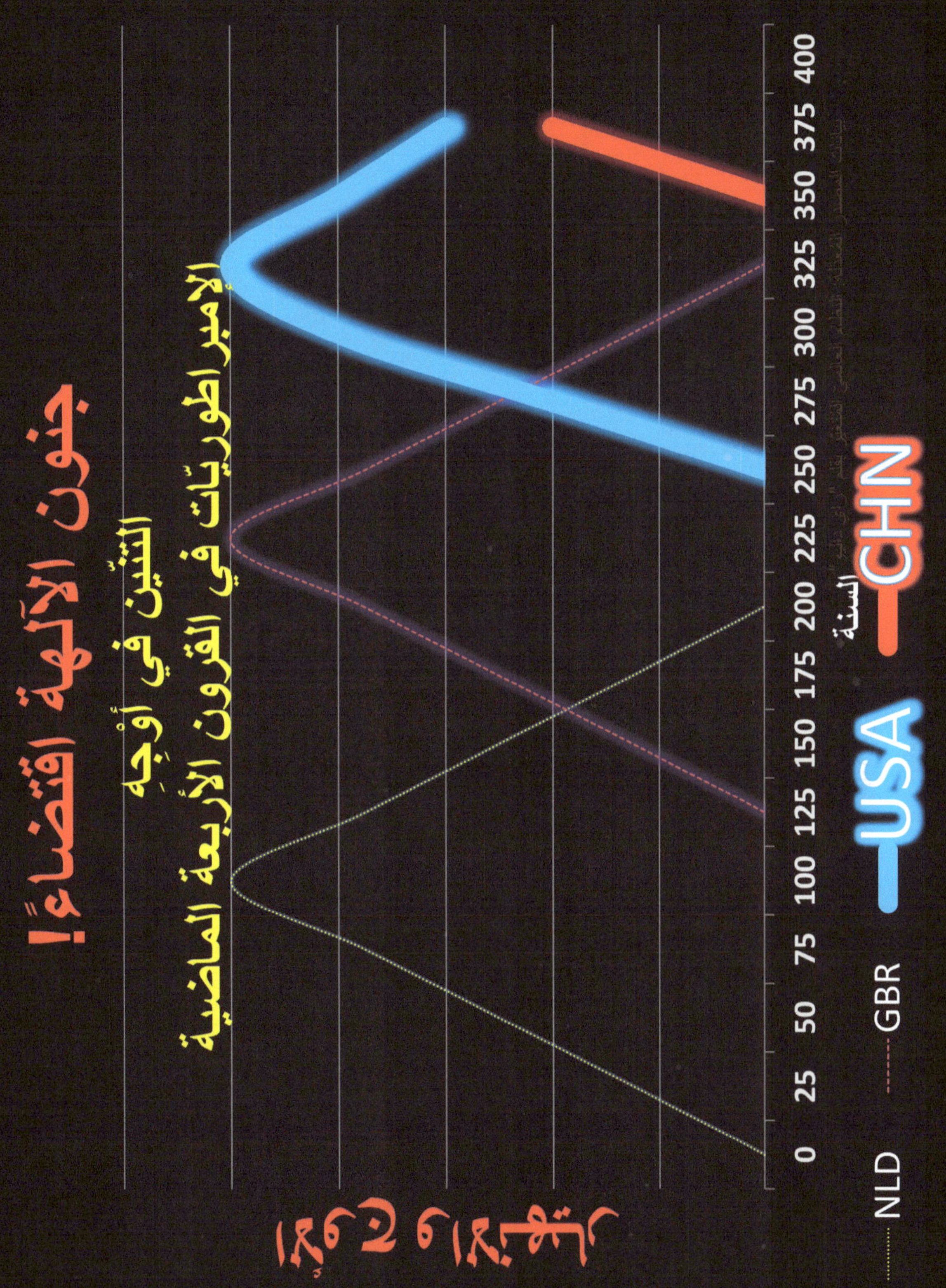
جنون الآلهة اقتضاءً!
التنّين في أوجِه
الإمبراطوريات في القرون الأربعة الماضية
0 25 50 75 100 125 150 175 200 225 250 275 300 325 350 375 400
السنة
NLD
GBR
USA
CHN

Ay Yi Yai Yi! We are in the middle of The New World Order!

Ay Yi Yai Yi! We are in the middle of The New World Order!

Si Vis Pacem
سؤم مالس نامض ديرت تنك اذإ

فكّر بطريقة مُختلفة!

Para Bellum

اهئادآ ةرادإ برحل دّعتساف، كت

)صورة معدّلة من المصدر: صورة للجيش الأمريكيّ. رقم(SC 194399 يوم الإنزال النورمانديّ D-Day: الجنرال أيزنهاور (رئيس الولايات المتحدة (1961-1953) ، القائد الأعلى لقوّات الحلفاء في غرب أوروبا خلال الحرب العالميّة الثانية).

"مارتن: تحتلّ بكين مكانة بارزة في ما يتعلّق بالمساعدات الّتي تقدّمها إلى البلدان الّتي تضرّرت بشدّة من فيروس كورونا. هل يُثير قلقك أنّ الصين بدأت في استخدام " القوّة الناعمة" بطريقة تزيد من تقويض نفوذ أمريكا على الساحة العالميّة؟

غيتس: نعم. وهم يعتزمون القيام بالمزيد. والأسوأ من ذلك، لدينا- كما يشير الكتاب أنّنا أضعفنا كلّ أدوات القوّة عندنا باستثناء جيشنا. وإذا كنّا محظوظين وأذكياء، فلن يكون لدينا نزاعٌ عسكريّ مع الصين. لكنّ الصراع قائم لا محالة، وسيشتدّ التنافس، في كلّ الساحات الأخرى، الّتي لسنا مُستعدّين لخوْض معاركها. وليس لدينا استراتيجيّة لمُجابهة ذلك".

وزير الدفاع الأمريكي السابق روبرت جيتس (NPR) Robert Michael Gates

Ay Yi Yai Yi! We are in the middle of The New World Order!

صورة جماعيّة لإليانور روزفلت وفرانكلين روزفلت وتيدي روزفلت (مأخوذة بإذن من مكتبة فرانكلين روزفلت الرئاسيّة ومجموعة ثيودور روزفلت، مكتبة هوتون ، جامعة هارفارد)

مَنْ بَنَى الإمبراطوريّة الرأسماليّة الأمريكيّة؟

يتعيّن علينا في هذه المرحلة أن ننظر إلى أصول الإمبراطوريّة الأمريكيّة. ويشغل الرؤساء الأمريكيّون أروع المناصب في العالم ويتصدّرون الأحداث الوطنيّة والعالميّة. لقد عملتُ على تحْليلِ شخصيّات جميع رؤسائنا الّذين تعاقبوا على الحُكْم منذ سنة 1900 لاكتشاف أصول إمبراطوريّتنا. لذا، يجب أن نطرح سؤالًا: ماهي مبادئ أولئك الّذين كانوا أباطرة تلك الأيّام الخوالي وضوابطهم؟

"لا تشكّ أبدًا في أنّ مجموعة صغيرة من المواطنين الملتزمين والمفكّرين، بإمكانها تغيير العالم. في الواقع، إنّه الشيء الوحيد الذي يمتلكونه، على الإطلاق".

مارجريت ميد

يربح المُقاتلون المُنتصرون الحرب قبل خوضها، بينما يخوض المُقاتلون المهزومون الحرب، أوّلا، ثمّ يسْعوْن لربحها.
فنّ الحرب لصن تزو (221-476 قبل الميلاد)

لقد وجدتُ إجاباتٍ اكتُشِفت بالفعل منذ قرنٍ من الزمن. لقد صمّم روزفلت الإمبراطوريّة الرأسماليّة الأمريكيّة العُظمى في النصف الأوّل من القرن العشرين. إنّ الرؤساء، بصفتهم قادة القوّات المُسلّحة، هم بلا شكّ أبرز "المُهندسين المعماريّين" في تاريخ العالم. وبشكلٍ حقيرٍ، تمّ تفكيك هذه الإجابات بشكل منهجيّ والتراجع عنها من خلال *Amerixit*، النُسْخة الأمريكيّة للطلاق بالثلاث[57] (الطلاق في الإسلام) المُتمثّل في هجْر الولايات المتّحدة لمكانتها كقوّة عالميّة عظمى - على غرار خروج بريطانيا من الاتّحاد الأوروبيّ. وتحتاج الولايات المتّحدة إلى العودة إلى "وعاء الغبار السحريّ" الّذي أنقذ بواسطته روزفلت الرأسماليّة ذات يومْ. وكان"روزفلت" العقل المُدبِّر لنشر السلام والازدهار في العالم، من خلال إنهاء الحرب العالميّة الثانية. كما وضع الأمريكيّون، آنذاك، أُسُس الأمم المُتّحدة ومُنظّمة الصحّة العالميّة واليونسكو واليونيسيف وحقوق الإنسان وغيرها. وبدلاً من تفكيك تلك المؤسّسات ودخولنا إلى الرايخ الرابع، نحتاج إلى تحسينها وجعلها أكثر قوّة.

فكان الاقتصاد الأمريكيّ، الّذي بناه روزفلت، يُمثّل حوالي 40٪ (سنة 1960) من الناتج المحليّ الإجماليّ العالميّ، وهو الآن أقلّ من 15٪ في تعادل القوّة الشرائيّة. كما أنّه يغرق بسرعة. وفي الوقت ذاته، تجاوزت الصّين 20٪ [58]، وهي الآن تسير في طريق الازدهار، بأقصى سرعة. لذا حان الوقت للتعلّم من "المهندسين المعماريّين" الأصليّين للرأسماليّة الأمريكيّة. ويجب أن نستعدّ للحرب الوشيكة لنُعيد بِنائها قبل فوات الأوان.

مثلما نحتاج إلى أن نُصَلّيَ لاستعادة "الصفقة الجديدة" الجيّدة و استرجاع القادة الحقيقيّين أمثال "الروزفلتس" (ثيودور ، فراكلين. د، وإليانور). لقد واجهوا صراعًا مُشابهًا خلال لحظات عصيبة في التاريخ قبل قرن من الزمن، كالحرب العالميّة الأولى والإنفلونزا الإسبانيّة والكساد العظيم والحرب العالميّة الثانية. لذا يجب علينا البحث عن أوراقنا الرابحة الباهتة في "وعاء الغبار"الأصليّ لعائلة روزفلت. تلك هي الأوراق والتدابير الّتي ستجعلنا أقوياء:

(القائمة التالية هي تلك التدابير، الّتي لاءمتُ بينها وبين بيئة اليوم):

1. الريادة
2. تعليم العلوم والتكنولوجيا والهندسة والرياضيات (STEM)
3. البحوث والتكنولوجيا الإستراتيجيّة
4. هندسة البنية التحتيّة
5. الهندسة الرقميّة
6. إدارة المعرفة
7. الدبلوماسيّة
8. العُمْلة العالميّة ومعيار الذهب
9. الإلكترو-دولار
10. رأس المال والسيولة
11. الأمن
12. إستراتيجيّات التحوّل الرقميّ الكبرى وضَوابِطُها

جنون الآلهة اقتضاءً!
الإجراءات المُتّبعة أثناء صعود وسقوط الإمبراطوريات
عملة العالم
رأس المال النقديّ
المردوديّة الإنتاجيّة
الدبلوماسيّة
الدفاع
الريادة
البحث والتطوير
تعليم التكنولوجيا والهندسة والرياضيّات
الإمبراطوريّة الأمريكيّة اليوم
المملكة الوسطى
إمبراطوريّة روزفلت الأمريكيّة
-120
-80
-40
الوقت (العام الذروة عند 0)
40
80
120
بيانات المصدر المعدّلة: راي داليو ، النظام العالميّ المتغيّر

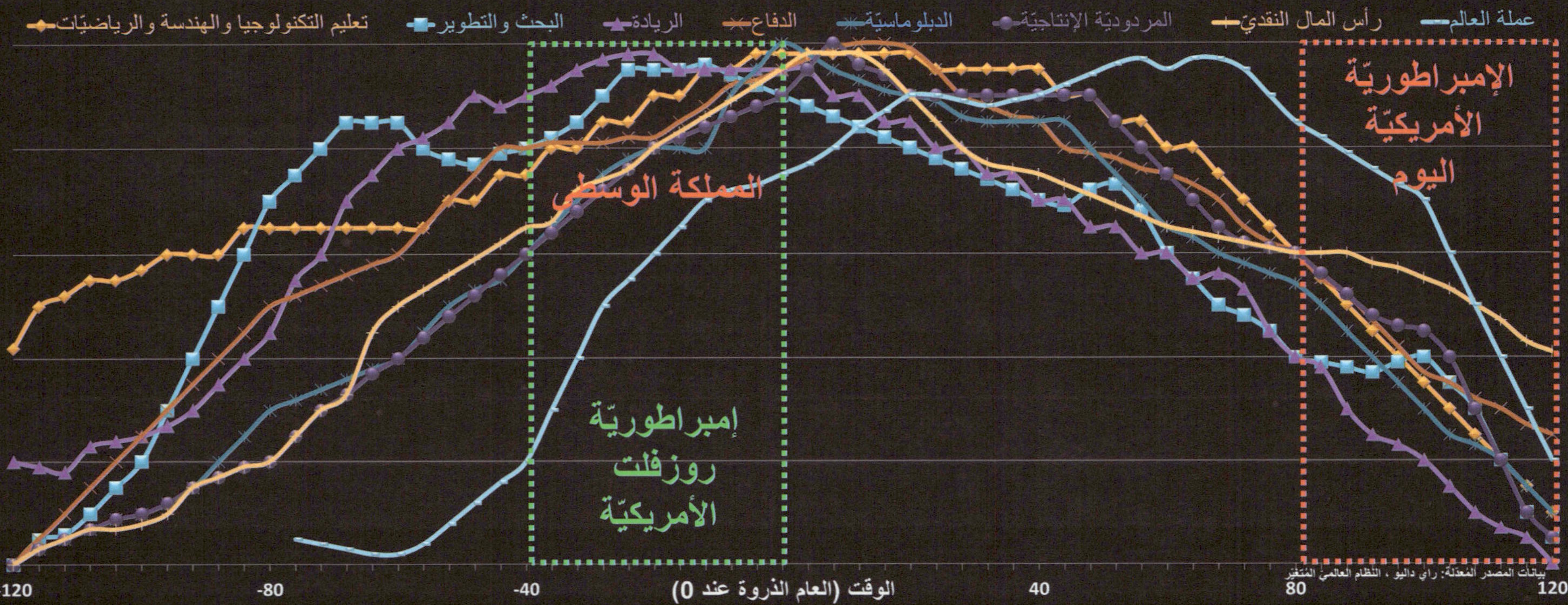

ثيودور روزفلت (الرئيس الجمهوريّ للولايات المتّحدة من 1901 إلى 1909):

"أحْصل على مُهمّة، قُمْ بأشياء" ، كانت هذه فلسفته تُجاه جميع المساعي، السياسيّة وغير السياسيّة.

كان ثيودور روزفلت أصغر شخص على الإطلاق تقلّد منصب رئيس للولايات المتّحدة. وكان رائدًا للحركة التقدُّميّة. كما حارب "ثيودور" من أجل سياساته الوطنيّة المعروفة آنذاك بـ"الصفقة العادلة"، التّي تضمن الحدّ الأدنى للمُساواة بين المُواطنين وكسْر حلقات الثقة السيّئة بينهم. وإلى ذلك مدّ السكك الحديديّة و ضمن لشعبه نقاء الغذاء والدواء. وجعل من الحفاظ على الطبيعة أولويّة قصوى وأنشأ العديد من المُنتزهات والغابات والمعالم الأثريّة للحفاظ على الموارد الطبيعيّة للبلاد.

وعلى مُستوى السياسة الخارجيّة، ركّز روزفلت على أمريكا الوسطى، حيث بدأ في بناء "قناة بنما". وعزّز البحريّة الأمريكيّة وأرسل "أسطوله الأبيض العظيم"Great White Fleet - وهو قوّة بحريّة جديدة- في جولة حول العالم لتعزيز نفوذ الولايات المُتّحدة البحريّ. فأدّت جهود ثيودور روسفلت (TR) الناجحة إلى التوّسط في إنهاء الحرب الروسيّة اليابانيّة و إلى فوزه إثر ذلك بجائزة نوبل للسلام لسنة 1906.

فرانكلين دي روزفلت (الرئيس المترشّح عن الحزب الديمقراطيّ للولايات المتّحدة لأربع دورات انتخابيّة من سنة 1933 حتّى وفاته سنة 1945):

وبمفهوم قانون الإنتاج الدفاعيّ[59]، لا نزالُ نُواجِه مُشكلةً في صُنع شيْء أساسّي ولكنه ضروريّ كالكمّامات (أو أقنعة الوجه) في الوقت الراهن (جائحة كورونا). وأدار فرانكلين روزفلت العام الأوّل إنتاجيّة الدولة الهائلة. فصنعت الولايات المتّحدة حسب برنامجها الضخم 45000 طائرة و 45000 دبّابة و 20000 مدفع مضّاد للطائرات و 8 ملايين طن من السُفُنِ الجديدة.

على الرغم من شلل الأطفال الذّي أصيب به في سنّ الـ39 ، أصبح فرانكلين رئيسًا في سنّ الخمسين. فكان القائد الأعلى للقوّات المُسلّحة الّذي لا يتزعزع، وقاد هذا البلد خلال كارثتيْن كبيرتيْن (الأزمة الإقتصاديّة الكبرى والحرب العالميّة الثانية). كما شغل منصب القائد الأعلى للقوّات المُسلّحة لفترة أطول من أيّ رئيس آخر. ولا يزال إرثه مُلْهِما لنا لفهم دور المؤسّستيْن الحُكوميّة والرئاسيّة.

كما أسّست شخصيّة "فرانكلين د. روزفلت" وسياساته النموذج الذهبيّ للرئاسة الحديثة. وبسبب الاحترام والازدراء، لعب روزفلت دورا قياديّا شُجاعًا خلال الفترة الأكثر اضْطرابا في تاريخ الأمّة، منذ الحرب الأهليّة. لذا تمّ انتخاب روزفلت لأربع دورات انتخابيّة رئاسيّة قياسيّة وأصبح شخصيّة محوريّة في الأحداث العالميّة، طوال النصف الأوّل من القرن العشرين.

وخلال مُحاولات الأزمة الاقتصاديّة الكبرى، قاد روزفلت الحكومة الفيدراليّة ونفّذ برنامجه المحلّيّ للصفقة الجديدة ردًّا على أسوإ أزمة اقتصاديّة في تاريخ الولايات المُتّحدة. وإلى ذلك تُمَثّل "شبكة الأمان" الحكوميّة التّي أنشأها أهمّ إرث تركه فكانت موضوعًا للجدل المُستمرّ، إذْ يراه العلماء من بين أعظم رؤساء الأمّة بعد "جورج واشنطن" و"أبراهام لنكولن".

إليانور روزفلت

كانت تُعرف باسم "سيّدة العالم الأولى" لأكثر من ثلاثين عامًا فكانت إليانور روزفلت أقوى امرأة في أمريكا، إذْ أحبّها الملايينُ. لكنّ ملّفها في مكتب التحقيقات الفيدراليّ FBI، كان أكثر سُمْكًا من كَوْمة فواتير الهاتف. إذْ تحدّثت بلا خوف عن الحقوق المدنيّة، ولذلك هدّدت منظّمة "الكيو كلوكس كلان" KKK المُتطرّفة باغتيالها.

(تمّ تعديل الصورة من المصدر: قسم المطبوعات والصور بمكتبة الكونغرس، واشنطن العاصمة ،
تحت المُعرَّف الرقميّ ppmsca.35645)

سخرت وسائل الإعلام من إليانور ووصفتْها بالشخص "المشغول والقبيح". وقد ساعدت "إليانور" "فرانكلين روزفلت" على

الوصول إلى السلطة فكانت واحدة من أهمّ أنصاره السياسيّين، مُحافظةً على برودة أعصابها، غير مُكترثة للهجمة الإعلاميّة الساخرة، مُناضلةً بلا كلل لأجْل تحقيق العدالة الاجتماعيّة للجميع، مُضطلعةً بدور رياديّ في إعلان الأمم المتّحدة التاريخيّ لحقوق الإنسان.

وتولّى فرانكلين د. روزفلت البيت الأبيض الّذي كان وسط أزمة اقتصاديّة حادّة بدأت مُنذ 1929 واستمرّت لعقد من الزمن، تقريبًا. ولمُجابهة الانكماش الاقتصاديّ، سرعان ما نفّذ الرئيس روزفلت والكونغرس آنذاك سلْسلةً من مُبادراتِ التعافي الاقتصاديّ المعروفة باسمِ "الصفقة الجديدة". وبصفتها السيدة الأولى، سافرت إليانور داخل الولايات المُتّحدة وعملت كـ"عيون لا تنام" لزوجها مُبلّغةً إيّاهُ بكلّ صغيرة وكبيرة. فأطلق عليها الرئيس هاري س. ترومان في ما بعْدُ لقب "سيّدة العالم الأولى" تقديرًا لإنجازاتها في مجال حقوق الإنسان.

يجب أن نُعيد النظر في العقيدة الرأسماليّة التأسيسيّة الّتي تعود إلى أيّام روزفلت:

"في الوقت الراهن من تاريخ العالم، يجب على كلّ أمّة، تقريبًا، الاختيار بين طُرُق الحياة البديلة. إنّ الاختيار في كثير من الأحيان ليس مجّانيًا. وإحدى طرق الحياة تقوم على إرادة الأغلبيّة وتتميّز بالمؤسّسات الحرّة والحكومة التمثيليّة والانتخابات الحرّة كذلك، وضمان الحريّة الفرديّة وحريّة التعبير والدّين والتحرّر من الاضطهاد السياسيّ.

أمّا الطريقة الثانية للحياة فهي تقوم على إرادة الأقليّة المفروضة قسْرا على الأغلبيّة. وتعتمد على الإرهاب والقمع و كذلك على صحافة وإذاعة تخضعان للرقابة، وعلى انتخابات ثابتة، و على قمع الحريّات الشخصيّة. أعتقد أنّ سياسة الولايات المتّحدة يجب أن تكون داعمة للشعوب الحرة الّتي تُقاوم مُحاولات القهر والاستبداد من طرف الأقليّات المُسلّحة أو من طرف الضُغوطاتِ الخارجيّة.

.. ..

إنّ بُذور الأنظمة الشموليّة يُغذّيها البؤس والعوْز. وهي تنتشر وتنمو في تربة الفقر والفْتنة. وتبلُغ نُموّها الكامل (ذروتها) عندما يتبدّدُ أملُ الناس في حياةٍ أفضل لذا يجب أن نُحافظ على هذا الأمل. **إنّ شعوب العالم الحرّة تتطلّع إلينا للحصول على دعم منّا، وذلك للحفاظ على حُريّاتها. إذا تعثّرنا في دورنا الرياديّ، فقد نُعرّض سلام العالم للخطر وسنُعرّض بكلّ تأكيد رفاهيّة أُمّتنا للخطر أيضًا**".

عقيدة ترُومان (1947)

"يقهرُ القائد الماهرُ قوّاتَ العدوّ من غير قتال. ويستولي على مُدُنهم بلا حصار. ويُدمّر مملكتهم دون اللجوء إلى عمليّات تستغرق وقتا طويلا على أرض الميدان."

فنّ الحرب لصن تزو (221-476 قبل الميلاد)

(صورة مُعدّلة من المصدر: بورتريهات" ليون بيرسكي"، 1944، المكتبة والمتحف الرئاسيّيْن لروزفلت)

(صورة معدلّة من المصدر: مكتبة ومتحف روزفلت الرئاسِيَّيْن)

قمّة يالطا لسنة 1945، تشرشل وروزفلت وستالين (مصدر الصورة: الجيش الأمريكيّ و PD-USGov-Military-Army)

مُقْتَرَح لاسترجاع "آل روزفلت"

"إنّ العلاقات الانتهازيّة بالكاد يُمكن أن تبقى ثابتة. والتعرّف على الشرفاء، حتّى عن بُعْد، لا يُضيف زُهورًا في أوقات الدفء ولا يُغيّر من شكل أوراقها في أوقاتٍ البرد: إذْ يتواصلُ تلاشيها خلال الفصول الأربعة ويزداد استقرارها عند مرورها بلحظات الهدوء أو الخطر".

فنّ الحرب لصن تزو (221-476 قبل الميلاد)

ويُركّز مُقترَحي على الإستراتيجيّات التي أبرزناها آنفًا لإحياء المؤسّسات الغربيّة، وهي:

1. الريادة
2. تعليم العلوم والتكنولوجيا والهندسة والرياضيات (STEM)
3. البحوث والتكنولوجيا الإستراتيجيّة
4. هندسة البنية التحتيّة
5. الهندسة الرقميّة
6. إدارة المعرفة
7. الدبلوماسيّة
8. العملة العالميّة ومعيار الذهب
9. الإلكترو-دولار
10. رأس المال والسيولة
11. الأمن
12. استراتيجيّات التحوّل الرقميّ الكبرى وضوابِطُها

ويمثّل الرسم البيانيّ أدناه مُقارنة، بعين ثاقبة، بين عصر روزفلت الرأسماليّ وأمريكا اليوم، مُقابل التقدّم الّذي أحرزه الصينيّون. وكذلك أيضًا ستُشْرح التفاصيل في كلّ قسم (يُرْجى مدّي بوجهات نظرك، حتّى أتمكّن من إثْراءِ هذه الرسوم البيانيّة وتحديثها).

بدعم حُكوميّ، تستعمر الشركات الصينيّة العالم بفاعليّةٍ ومن خلال التأثير الماليّ على أكثر من 150 دولة بما لا يقلّ عن 10 تريليونات دولار من دبلوماسيّة "مِصْيَدة الديون" والجيل القادم من سياسة "الحزام وطريق الحرير" وغيرها من مشاريع البنية التحتيّة ذات التكنولوجيا الفائقة.

ويخضعُ نِظامُنا الرأسماليّ الحاليّ، والراجع إلى القرن التاسع عشر، لقيادة معالجة التطبيقات في السحابات الفاسدة ولوبيات مُسْتنقع (واشنطن العاصمة)، والأسهم الخاصّة لجوردون جيكو وغُزاة الشركات الّتي يُموّل الصّينيّون الكثير منها. إنّ عمليّة اتّخاذ القرار الخوارزميّة في "وول ستريت" الّتي يقودها "تويتر" هي وصمةُ عار. فسرعان ما يغفل خبراء شركاتنا عن حقائق لـ96٪ من البشريّة. هم يعيشون في بُرْجٍ عاجيّ ويُركّزون، فقط، على الهندسةِ الماليّة المُبالغ فيها. وبالكاد حدث أيّ نموّ في الإنتاجية أو المبيعات طوال العقد الماضي. وعلى الرغم من ذلك، ارتفع مُؤشّر "داو جونز"(Dow Jones) بأكثر من 250٪ في السنوات العشر الماضية، ويعود ذلك بالأساس إلى الهندسة الماليّة. لقد أهدرت مُخطّطات تحقيق الثراء السريع ورقة التوازُن الأهمّ، والآن تَهتزّ أُسُس الرأسماليّة.

فيتعيّنُ علينا إصلاح مُؤسّساتنا للدخول إلى القرن الثاني والعشرين وذلك بالتعلّم من الألمان والشرق (سنغافورة، الصّين، اليابان، كوريا الجنوبيّة، إلخ). ولن يرتبط بقاء الشركات ارتباطًا وثيقًا إلاّ بازدهار الإمبراطوريّات الراعية لها وسُقُوطها، كالّذي شهدْناهُ خلال القرون الخمسة الماضية. ففي الحزب الشيوعيّ الصينيّ يُنفق، إستراتيجيًا، مُهندسو المُرونة تريليونات الدولارات للقضاء بلا شفقة على العديد من أساتذتهم الغربيّين الضالّين والمُختصّين في الهندسة الماليّة الرأسماليّة، وخاصّة على مُستوى اختراعات القرن الثاني والعشرين. لقد تحرّرت المؤسّسات شبه الحكوميّة من "تراث" أسياد تراخيص "غوردون جيكو" الغربيّين والشركاء الأجانب للحصول على منتجات وخدمات أفضل.

باختْصارٍ، نحن في حاجة إلى مُضاعفة استثماراتنا في مشاريع المجالات التالية لتحرير أنفسنا من الأسياد الشيوعيّين الاستبداديّين الجُدُد:

جنون الآلهة اقتضاءً!

لوحة البيانات التنافسيّة بين الولايات المُتّحدة والصّين

(درجات المثال التوضيحيّ للتكاليف)

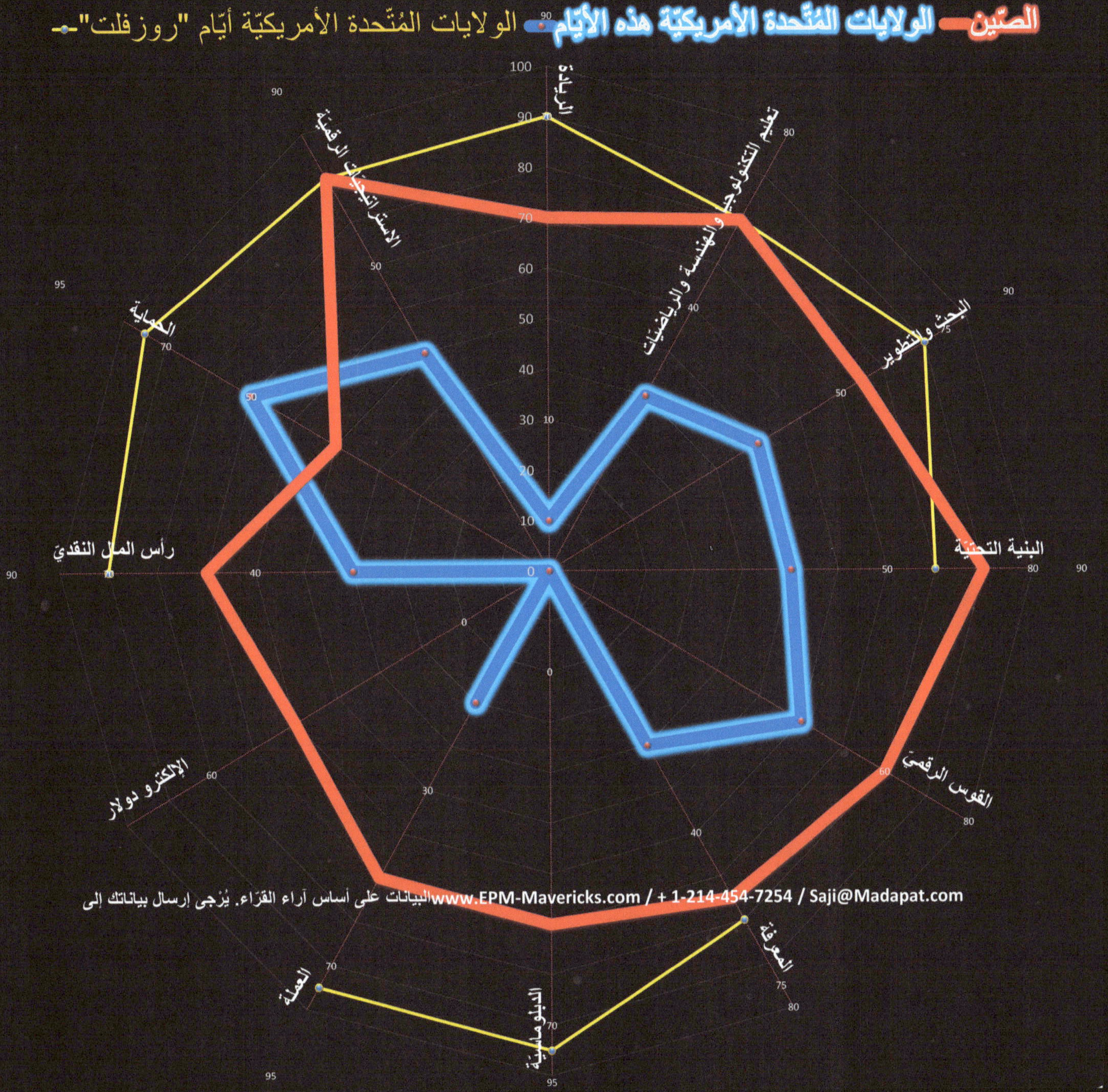

الصّين — الولايات المُتّحدة الأمريكيّة هذه الأيّام — الولايات المُتّحدة الأمريكيّة أيّام "روزفلت"

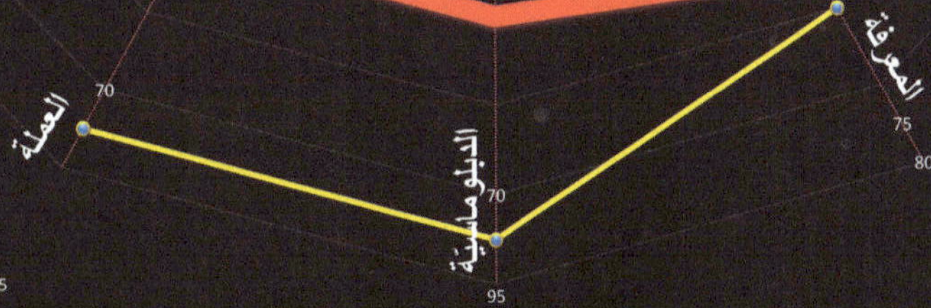

البيانات على أساس آراء القرّاء. يُرجى إرسال بياناتك إلى www.EPM-Mavericks.com / + 1-214-454-7254 / Saji@Madapat.com

Ay Yi Yai Yi! We are in the middle of The New World Order!

1 . الريادة

"يقهرُ القائد الماهر قوّات العدوّ من غير قتال. ويستولي على مُدُنهم من دون حصار. يُدمّر مملكتهم دون اللجوء إلى عمليّات طويلة المدى على أرض الميدان."
فنّ الحرب لصن تزو (476-221 قبل الميلاد)

صرّحت مدرسة هارفارد كينيدي: "بينما يستعدّ الحزب الشيوعيّ الصينيّ للاحتفال بمئويّة تأسيسه، يبدو مُتماسكًا كما كان دائمًا. وتستند المرونة الأعمق إلى الدعم الشعبيّ لسياسة النظام ". هذه الورقة البحثيّة عن الحزب الشيوعي الصّيني (CCP) هي عبارة عن سلسلة نشرها مركز "آش (Ash) " للحوكمة الديمقراطيّة والابتكار في كليّة جون إف كينيدي للإدارة الحكوميّة" بجامعة هارفارد.

"وهناك شحّ في الأدلّة الّتي تدعم الفكرة القائلة بأنّ الحزب الشيوعيّ الصينيّ يفقد شرعيّته لدى شعبه. ففي الواقع يُظهر بحثُنا أنّه، عبر مجموعة مُتنوّعة من المقاييس، وبحلول سنة *2016*، كانت الحكومة الصينيّة أكثر شعبيّة من أيّ وقت مضى (طوال العقدين الماضِيَيْن). وقد أفاد المواطنون الصينيّون، على الأقلّ، أنّ توفير الحكومة للرعاية الصحيّة والرعاية الاجتماعيّة والخدمات العامّة الأساسيّة الأخرى كان أفضل بكثير وأكثر إنصافًا ممّا كان عليه عندما بدأ الاستبيان عامَ *2003*.

....

وعلى هذا النحو، لم يكن هناك دليل ملموس على ازدياد السُخْط داخل المجموعات السكّانيّة الرئيسة في الصّين، ممّا يُلْقي بظلالٍ من الشكّ على كون البلاد كانت تُواجه أزمة في الشرعيّة السياسيّة".

جامعة هارفارد (يوليو 2020)

17٪ فقط من الأمريكيّين اليوم يستطيعون الوثوق بالحكومة في واشنطن للقيام بما هو صواب **"دائمًا تقريبًا" "(3٪)"**

مركز بيو Pew للأبحاث

(ثقة الجمهور في الحكومة: 2019-1958)

وفي الوقت ذاته، شهدت الولايات المُتّحِدة:

% who trust the govt in Washington always or most of the time

PEW RESEARCH CENTER

100
80
60
40
20
0

1960
1970
1980
1990
2000
2010

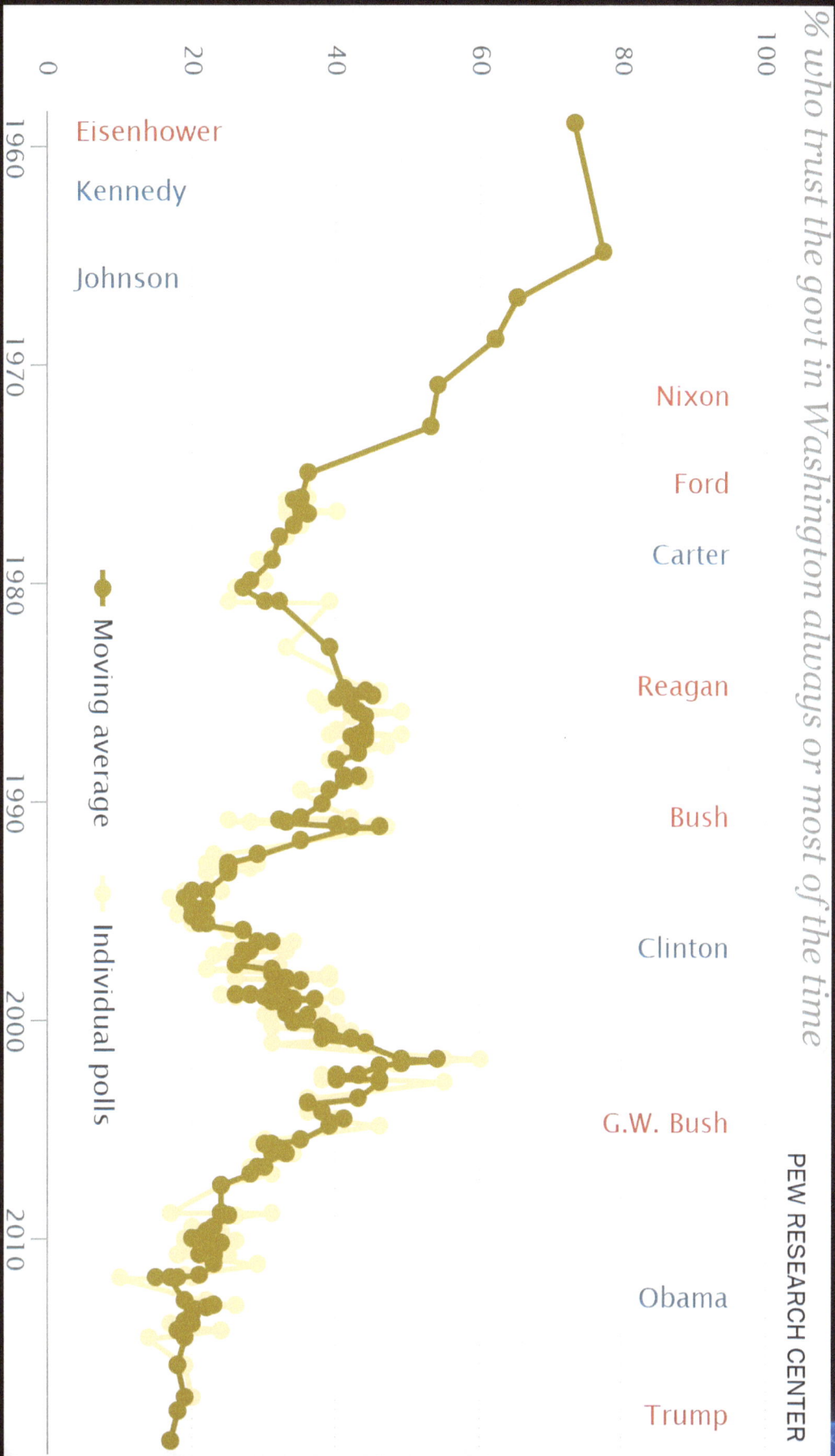

Eisenhower
Kennedy
Johnson
Nixon
Ford
Carter
Reagan
Bush
Clinton
G.W. Bush
Obama
Trump

Moving average
Individual polls

www.EPMMavericks.com

(مصدر الائتمان: عمل أنشأته حكومة المملكة المتّحدة) وينستون تشرشل يُحيّي جوزيف ستالين مع الرئيس روزفلت خارج "قصر ليفاديا" خلال مؤتمر يالطا، فبراير 1945)

ونظرًا لكون التاريخ يميل إلى تكرار نفسه بطريقة ثأريّة، يجب أن يكون لدينا دور ريادي مرنٌ، كما فعلت عائلة روزفلت لإدارة إمبراطوريّتنا وشركاتنا. لقد حان الوقت لظهور قادة مثل روزفلت، أولئك القادة الّذين يُمكنهم تحويل جائحة كورونا إلى دعوةٍ للشجاعةِ والمُثابرةِ والأمل. فكان روزفلت زعيم الولايات المُتّحدة الامريكيّة الأبرز. إذْ قادنا إلى طليعة المسرح التاريخيّ العالميّ من خلال بناء أسس الرأسماليّة والمشاريع الحديثة. ونحن الآن في حاجة إلى الصلاة لأجل القادة، أصحاب الرؤى المستقبليّة، كالقادة المُنتمين إلى عائلة روزفلت والّذين سيُمهّدون طريق الخلاص إلى المُسْتقبل، وللسفر بنا عبر الزمن إلى "المدينة المُشْرقة والمُطِلّة على التلّ" (تسمية أمريكا عند تأسيسها).

ونحن اليوم نمرّ بأزمة وجود، نحتاج إلى أن يكون لدينا "أنبياء" مثل ثيودور روزفلت (TR)، الّذين سبق أن أدركوا في الماضي مدى أهميّة الحفاظ على هذه الأصول التي نحظى بها. أنشأ ثيودور روزفلت 150 غابة وطنيّة وخمس حدائق وطنيّة و 51 محميّة فدراليّة للطيور وأربع محميّات صيد وطنيّة و 18 نصبًا تذكاريًا وطنيًّا على مساحةٍ تجاوزت 230 مليون فدّان من الأراضي العموميّة.

بينما نتخبّط نحن اليوم في عصر "مشاغل حياة السود"Black lives Matter دعونا نتعلّم الدروس من "السيّدة الأولى في العالم" (إليانور روزفلت)، الّتي أعادت تعريف الأمّة بناءً على جهودنا الإنسانيّة ونضَالنا من أجل العدالة الاجتماعيّة !

وفي اللاحقِ من حياته، أصبح فرانكلين روزفلت مُعاقًا نتيجةَ شلل الأطفال، الّذي أصابه في أسفل الخصر، ومع ذلك قاوم المرض بجُرْأة وإصرار وتفاؤل. وبصفته القائد الأعلى للقوّات المُسلّحة، قاد أمّتنا خلال الأزمة الإقتصاديّة الكبرى وخلال الأزمة المصرفيّة أيضا. وإنّنا نُواجه اليوم انتعاشًا اقتصاديًا، كالّذي حدث أثناء الأزمة لباقتصاديّة الكُبرى، وهو المشروطُ باتّخاذ ملايين القرارات المُعقّدة من قبل ملايين اللاّعبين السياسيّين، ومُعْظمهم من الأشخاص الأنانيّين. وعندما فقد الناس الثقة في المؤسّسة وأنظمتها، حلّ روزفلت الأزمة الماليّة من خلال إعادة الثقة إلى النظام.

لذا يحتاج قادتنا إلى التعلّم من هؤلاء الدبلوماسيّين ذوي النوايا الحسنة، الّذين بنوْا جسور العلاقات مع جميع أصحاب المصلحة في أكثر الأوقات خطرًا في التاريخ. وبفضل مُثابرة روزفلت وقدرته الرياديّة، تلقّى دعْمًا وتعاوُنًا لا مثيل لهما من الكونجرس خلال فترة الأزمة الإقتصاديّة والحرب العالميّة الثانية. لقد عمل مع ونستون تشرشل وقادة العالم الآخرين لوضع أُسُس الأمم المُتّحدة والعديد من المنظّمات والمنتديات العالميّة الأخرى، وذلك ما أثمر أكثر من خمسة وسبعين عامًا من السلام والازدهار. كما أمضى شراكة مع الزعيم الشيوعيّ "جوزيف ستالين" لقهر محور الشرّ في الحرب العالميّة الثانية. فأتقن فنّ التسوية والدبلوماسيّة، الّذي نفتقده اليومَ بشدّة، في واشنطن وكذلك في العالم الجيو-سياسيّ، برمّته. فكان أنْ وحّد الرجال والنساء العاديّين في الأمّة والعالم من خلال مُحادثاته وهو جالس حِذْوَ المِدْفأة.

وحينما تُهدّد التجارب والمحن التأسيسيّة إمبراطوريّتنا والشواطئ الرمليّة لأبنية شركاتنا ومؤسّساتنا، نحتاج إلى قادة مثل روزفلتس، يُمكنهم إعادة البناء وإرشادنا إلى "المدينة المُشْرقة على التلّ" من خلال:

1. إلهامنا برؤية واستراتيجيّة وخارطة طريق لمُستقبلنا
2. شعورنا بالأمل والثقة، مهما كان المُستقبل غير مؤكّد
3. اتّخاذ إجراءات جريئة بعزم وإصرار
4. التعاون مع جميع أصحاب المصلحة وحتّى التفاوض مع أعدائنا المُحتملين لوضع خطّة للعمل
5. تنفيذ القرارات الّتي تعود بالنفع على المصلحة العامّة، حتّى وإنْ كانت غير خاضعة للمنطق السياسيّ

لقد حان الوقت للتدقيق في كلّ جوانب "المملكة الوسطى" لتقييم مدى جودة لعبها لأوراقها. وقتُنا ينقضي بسُرعة. ونحتاج لأجل تجاربنا ومشاريعنا الخاصّة، إلى قادةٍ نُبلاء وأذكياء، كالّذين ينتمون إلى عائلة روزفلت ويتمتّعون بالثقة في النفس والإرادة والعزيمة والنزاهة والدبلوماسيّة. و من دون هذه الخصال، سنتعثّر حتمًا.

2. تعليم العلوم والتكنولوجيا والهندسة والرياضيّات (STEM)

"تكمُن المعرفة العميقة في أن تكون مُدرِكًا للاضطراب قبل حُدوثها، وأن تكون مُدْرِكًا للخطر قبل وُقوعه، وأن تكون مُدْرِكًا للدمار قبل استشرائه، وأن تكون مُدْرِكًا للكارثة قبل اندلاعها. ويكمن أداؤك القويّ في تدريب جسمك دون إثقال كاهله وأن تُعمل عقلك دون أن يتمّ التلاعب بك من خلال عقل آخر، وأن تعمل في عالمٍ دون أن تتأثّر به وأن تُؤدّي مهامّك دون أن تُصبح مُكبّلاً بها"

فنّ الحرب لصن تزو (221-476 قبل الميلاد)

شكّلت جودة التعليم العمود الفقريّ للإمبراطوريّات عبر التاريخ. إنّ التعليم الجيّد (من الجودة) هو العمود الفقريّ لنموّ المُجتمعات. واستنادًا إلى درجات اختبار PISAلسنة 2015، تحتلّ الولايات المتّحدة فعليًا المرتبة الخامس عشرة من بين النسب المئويّة الأكثر تدنيًا للمستوى التعليميّ في العالم المُتقدّم.

ولسوء الحظّ، فالتعليم العموميّ والتمويل المدرسيّ تراجعا وصارت ميزانيّتهما أقلّ بكثير من قبل، خاصّة في حقبة ما بعد جائحة كورونا. إنّ تعليم العلوم والتكنولوجيا والهندسة والرياضيات (STEM) هو الأعلى ثمنا ويتطلّب ضخًا هامًا في ميزانيّة الدولة. علاوة على ذلك، أدّى الوضع الاقتصاديّ الحاليّ إلى ارتفاع مُعدّلات البطالة، ممّا أنتج عدم الاستقرار داخل الولايات المتّحدة الأمريكيّة. وبدوره، تسبّب في ضعف النتائج الأكاديميّة ونقْص فُرص العمل وانخفاض المداخيل. وتدفع هذه العوامل إلى حلقة مُفرغة من شأنها أن تُؤدّي إلى عدم الاستقرار الاجتماعيّ والاقتصاديّ والجيوسياسيّ حول العالم.

وفي البيئة السياسيّة الراهنة، صار التعليم الاختيار الأخير. وبالإضافة إلى التغيّرات السياسيّة، يجب علينا البحث عن حلول مُبْتكرة، مثل الشراكات بين العمل الخيريّ والحكومة والشركات لمُواجهة هذه الأنواع من التحدّيات. كما ينبغي إنشاء شراكات بين القطاعيْن العامّ والخاصّ تكون مُماثلة لنموذج التعليم والتدريب التقنيّ والمهنيّ الألمانيّ (TVET).

وكما هو الحال في سنغافورة وألمانيا والصّين واليابان وكوريا الجنوبيّة والهند، يجب على الحكومة أن تلعب دورًا رياديًا فعّالا في التعليم العموميّ، كما يتعيّن على الحكومة الاعتراف بالمُعلّمين ومُكافأتهم بناءً على أدائهم. وكما هو الحال اليوم، تشهد الولايات المُتّحدة سنويًا تخرُّج عدد أقلّ بكثير من المُهندسين، مقارنةً بالصّين أو حتّى الهند.

حسب تقرير منظّمة التعاون الاقتصاديّ والتنمية (OECD) لسنة 2018، فإنّ الولايات المتّحدة تُنْفق على الكليّات والمعاهد العُليا أكثر من أيّ دولة أخرى. "إنّ نفقات الدولة بالنسبة لكلّ طالب مُرتفعة جدًا، ولا علاقة لها فعليًّا بالقيمة المعرفيّة التي يُمكن أن يحصل عليها في المُقابل." [60]

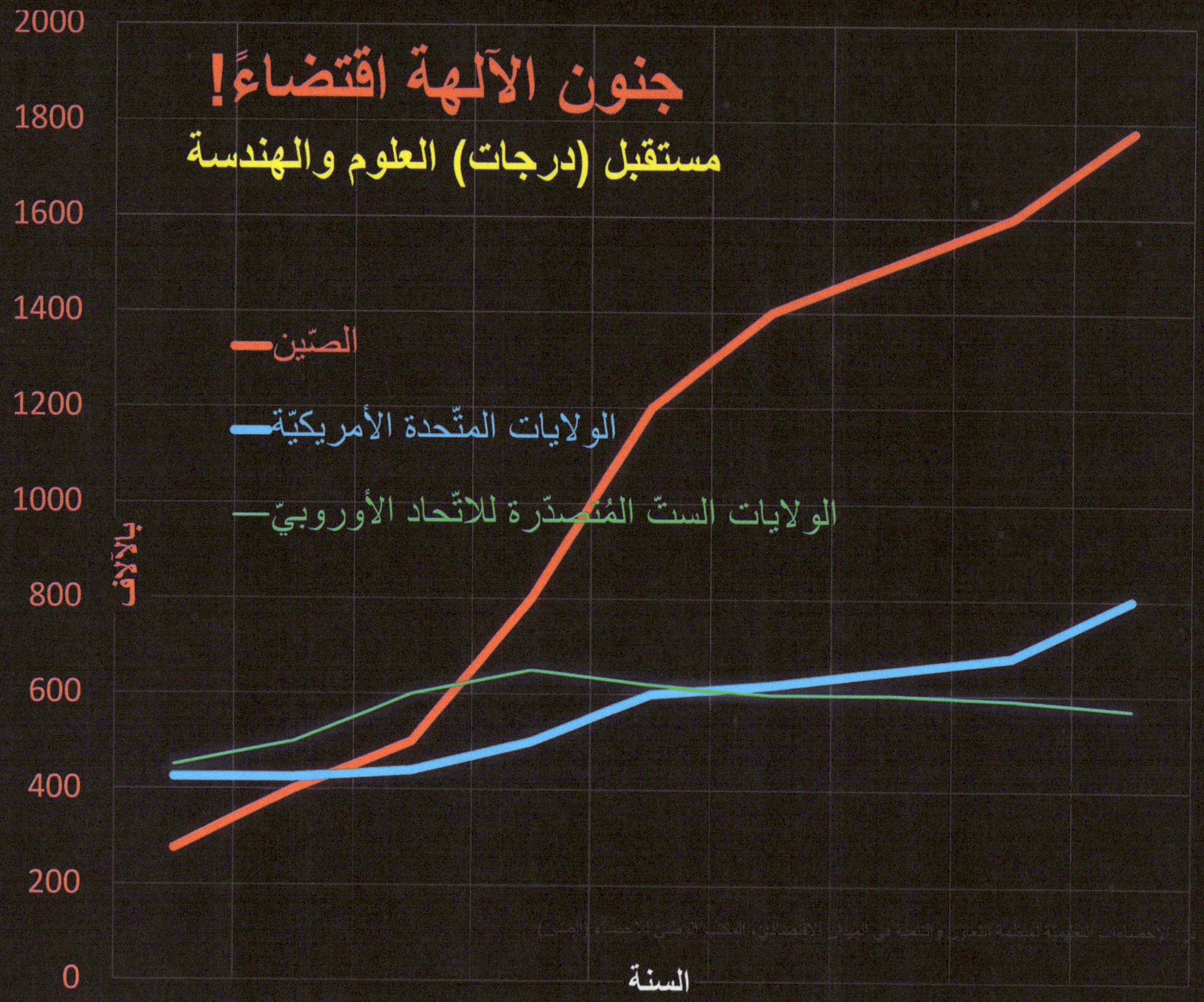

جنون الآلهة اقتضاءً!

مستقبل (درجات) العلوم والهندسة

الصّين

الولايات المتّحدة الأمريكيّة

الولايات الستّ المُتصدّرة للاتّحاد الأوروبيّ

بالآلاف

2000
1800
1600
1400
1200
1000
800
600
400
200
0

السنة

★ ★

فاللوم كلّ اللوم على هذا التدنّي: شقق طُلابيّة فاخرةٌ ووجبات جامعيّة باهظةُ الثمن و استفحال "جنون ألعاب القوى". نحن في حاجة إلى تغيير نظام التعليم وإمضاء شراكات مع "فاعلي الخير" كـ: "بيل جيتس" و"بلومبرج"، لتدريب القُوى العاملة وإعدادها للقرن الثاني والعشرين. وعلى سبيل المثال لا الحصر، نذْكُر مجال تكنولوجيا المعلوماتIT :

- ★ يجب أن تتطوّر أنظمةُ تكنولوجيا المعلومات/الأعمال من المعاملات إلى العملياتيّة، ومنهما إلى التحليلات التنبّؤيّة ("الأَتْمَتَة الروبوتيّة في السحابة" AI BOTs in the cloud).
- ★ وبالإضافة إلى تكنولوجيا المعلومات، فإنّ المُحاسبة التقليديّة ومعظم وظائف الأعمال (خاصّة الوظائف المُتكرّرة) على وشك "الأَتْمَتَة الروبوتيّة في السحابة".

كما يجب أن تكون القوى العاملة لدينا جاهزة للذكاء الاصطناعيّ، لأنّ أَتْمَتَة الروبوتات والذكاء الاصطناعي سيُمثّلان "شرّيْن لا مفرّ منهما" لتطوير الإنتاجيّة والنموّ الاقتصاديّيْن. وسيحتاج الملايين من الأشخاص حول العالم إلى تغيير مهنهم أو ترقية مهاراتهم. ويُقدّر "ماكينزي" أنّ ما بين 400 مليون و 800 مليون فرد قد يتعرّضون للتهجير عن طريق الأَتْمَتَة، كما يحتاجون إلى توفير وظائف جديدة بحلول سنة 2030. ومن إجماليّ أولئك النازحين، قد يحتاج بين 75 و 375 مليون شخص تغيير مهنهم وتعلّم مهارات جديدة.

3. البحوث والتكنولوجيا الاستراتيجيّة

> "إذا كنت تعرف العدوّ وتعرف نفسك جيّدًا، فلا داعي للخوف من نتيجة مائة معركة. وإذا كنت تعرف نفسك ولكنّك تجهل العدوّ، فإثر كلّ انتصار تحقّقه ستعاني أيضًا من هزيمة. وإذا كنت لا تعرف نفسك أو حتّى العدوّ، فستستسلم في كلّ معركة".
> فنّ الحرب لصن تزو (476-221 قبل الميلاد)

هل فقدت الشركات الأكثر قيمة في أمريكا ألَقَها و سحْرها؟ وإلى جانب عمليّات إعادة شراء الأسهم واستغلال أجهزة الآيفون iPhone القديمة، المُتخلّفة من الناحية التكنولوجيّة عن منافسيها المتربّصين بها في الشرق، هل لي أن أسأل عن الابتكارات الّتي قدّمتها شركة آبل Apple في العقد الماضي؟ يبدو أنّ شركة آبل قد اندثرت مع ستيف جوبز.

"ترتع أحاديّات القرون (كائنات خرافيّة في شكل حصان أبيض ذي قرن) في شتّى اتّجاهات "وادي السيليكون"Silicon Valley ، وخصوصا نحو الشرق. ويبدو أنّ"وادي السيليكون" قد ضلّ طريقه أيضًا.

لقد أنشأ رأس المال الاستثماريّ والاقتصاد التكنولوجيّ "مخطّط بونزي عالي المخاطر" و "بالون بونزي العجيب"

شاماث باليهابيتيا

(المُستثمر الملياردير ونائب رئيس فايسبوك Facebook السابق والمسؤول عن تزايُد عدد المُستخدمين)

ليس الصينيّون فقط في طليعة الحدود التكنولوجيّة للمجالات المُشْتركة مثل الإلكترونيّات والآلات والسيّارات والقطارات فائقة السرعة والطيران. ومع ذلك، فهم يقودون أيْضًا الابتكارات التكنولوجيّة في المجالات الناشئة مثل5G ، والطاقة المتجدّدة والطاقة النوويّة المُتطوّرة وتقنيات اتّصالات الجيل التالي والبيانات الضخمة وأجهزة الكمبيوتر العملاقة والذكاء الاصطناعيّ والروبوتات وتكنولوجيا الفضاء والتجارة الإلكترونيّة.

ففي سنة 2018، أودع الصينيّون حوالي 50٪ من طلبات براءات الاختراع في جميع أنحاء العالم، برقم قياسيٍّ بلغ 1.54 مليون في مجال التكنولوجيا الفائقة. لنُقارن ذلك مع الولايات المُتّحدة التي قدّمت أقلّ من 600000 فقط في نفس المجال. ففي سنة 2014، تجاوزت مُستويات تسجيل براءات الاختراع للذكاء الاصطناعيّ في الصّين الولايات المُتّحدة، وحافظت منذ ذلك الحين على معدّل نموّ مرتفع.

إنّ مُعْظم القادة الصينيّين مهندسون يُفكّرون بمنظور المرونة والقيمة الإستراتيجيّة وذلك على المدى الطويل، بدلاً من اختصارات الهندسة الماليّة قصيرة المدى. إنّهم يُعْطون الأولويّة ويُركّزون على تكنولوجيا القرن الثاني والعشرين الطويلة المدى، بما في ذلك الذكاء الاصطناعيّ والحَوْسَبة السحابيّة وتحاليل البيانات الضخمة و "سلسلة الكتل" أو "البلوك تشين" blockchain وتكنولوجيا المعلومات والاتّصالات(ICT).

ومع انتشار مُبادرة "طريق الحرير الرقميّ الصينيّ "، سيكون لدى الشركات رُؤًى لا تُقدّر بثمنٍ حول البيانات، على مُسْتوى عالميّ، تمامًا مثل كيفيّة استخدام FAANGs أي كلّ من فايسبوك وآبل و أمازون ونتفلكس وقوقل تجميع البيانات في الوقت الفعليّ لتحليل سلوك العملاء في الغرب. ولِكَوْنهم مُرتبطين بالحكومة الصّينيّة، سيكون لديهم امتياز الوصول إلى جميع رعايا "المملكة الوسطى"، على عكس مُنافسيهم الغربيّين. وستتمتّع شبه الشركات الصّينية هذه بامتيازات مُذْهلة في تسويق التكنولوجيا المتطوّرة كإنترنت الأشياء IoT والذكاء الاصطناعيّ AI والمركبات المُسيّرة ذاتيًا، إلى ما لا يقلّ عن ثلثيْ العالم من خلال منصّة"طريق الحرير الرقميّ "الصينيّة (DSR).

لسوء الحظّ، ففي الغرب، يُدير مهندسون ماليّون متخصّصون (في جعل ماهو قبيح يبدو جميلا) بُنى المؤسّسة الحاليّة وتكنولوجيّتها الّتي سبق تأسيسها ظهور شبكة الويب العالميّة. ولا علاقة لتصاميمهم بالعصر الرقميّ. وكما حدث مع عائلة روزفلت، من خلال الشراكات بين القطاعيْن العامّ والخاصّ، يجب على الجامعات الاستثمار في/ وتدعيم الصناعات الأساسيّة على غرار ما نراه يحدث اليوم في كُلّ من الصّين واليابان وكوريا الجنوبيّة وألمانيا.

4. هندسة البنية التحتيّة

> "يقوم الجنرال الّذي يفوز بالمعركة بالعديد من الحسابات في معبده قبل خوضها. أمّا الجنرال الّذي يخسر معركةً فهو ذلك الّذي لا يقوم إلاّ بحسابات قليلة.
>
> فنّ الحرب لصن تزو (221.476 قبل الميلاد)

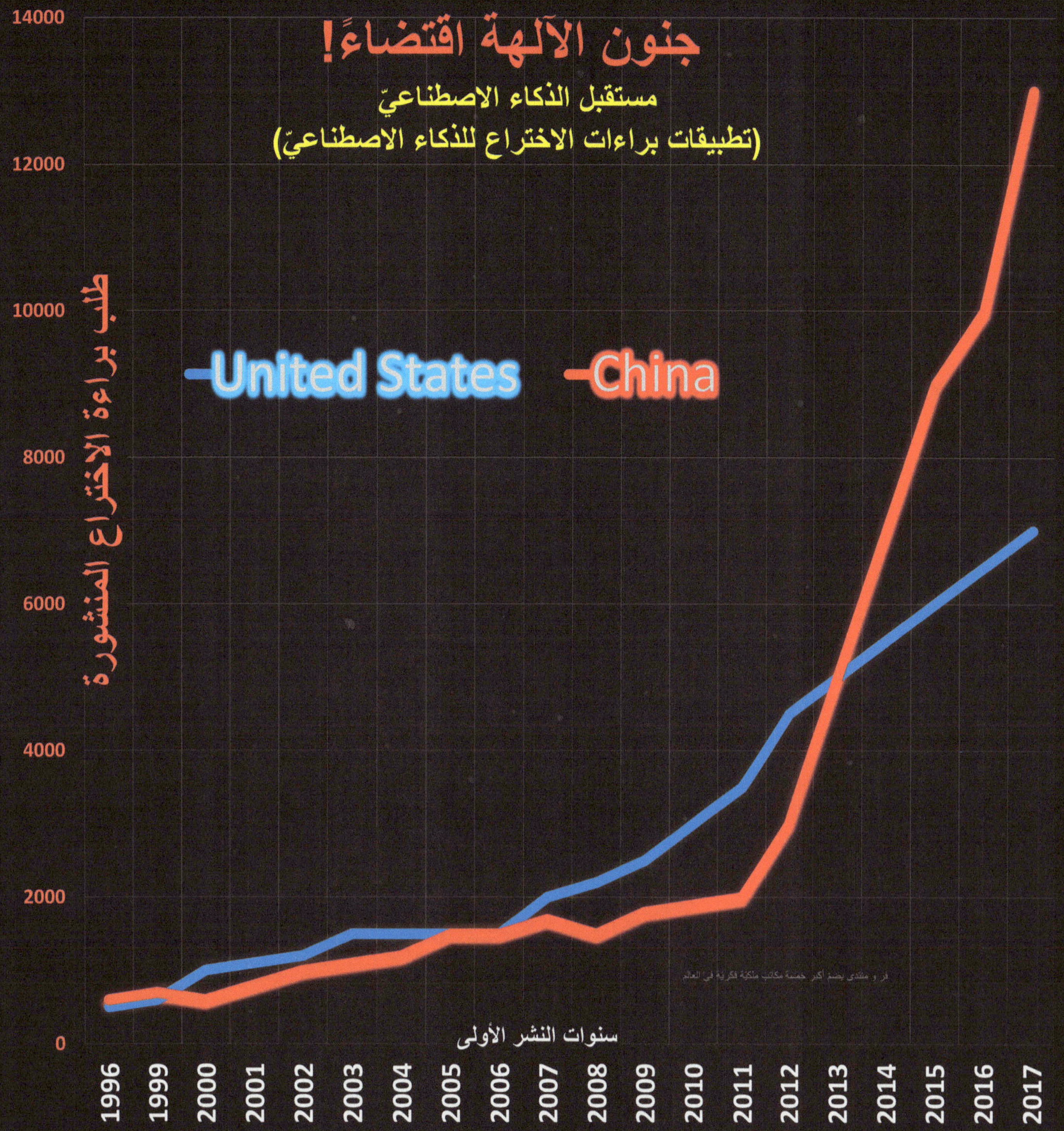

جنون الآلهة اقتضاءً!

مستقبل الذكاء الاصطناعيّ

(تطبيقات براءات الاختراع للذكاء الاصطناعيّ)

طلب براءة الاختراع المنشورة

United States — China

14000
12000
10000
8000
6000
4000
2000
0

فر و منتدى يضم أكبر خمسة مكاتب ملكية فكرية في العالم

سنوات النشر الأولى

1996 1999 2000 2001 2002 2003 2004 2005 2006 2007 2008 2009 2010 2011 2012 2013 2014 2015 2016 2017

★★★★★★★★★★★★★★★★★★★★★★★★★★★★★★★★★★★★★★

للبقاء على قيد الحياة، نحتاج إلى صياغة نسخة حديثة من "الصفقة الجديدة" الّتي نفّذَها فرانكلين دي روزفلت قبل قرن من الزمن في ظلّ ظروف مُماثلة. تمامًا كما فعل، يجب أن نقوم باستثمارات كبرى على مُستوى بنيتنا التحتيّة المُتداعية

وبينما تسعى الصّين إلى استعمار الدول اقتصاديًا، يجب علينا دراسة نُسْختنا التقدّميّة من "خطّة مارشال العالميّة" لمُواجهة مُبادرة "الحزام والطريق" والبنية التحتيّة التكنولوجيّة الصينيّة.

السكك الحديديّة
(في طور الإنجاز)
السكك الحديديّة (المُنْجَزة)

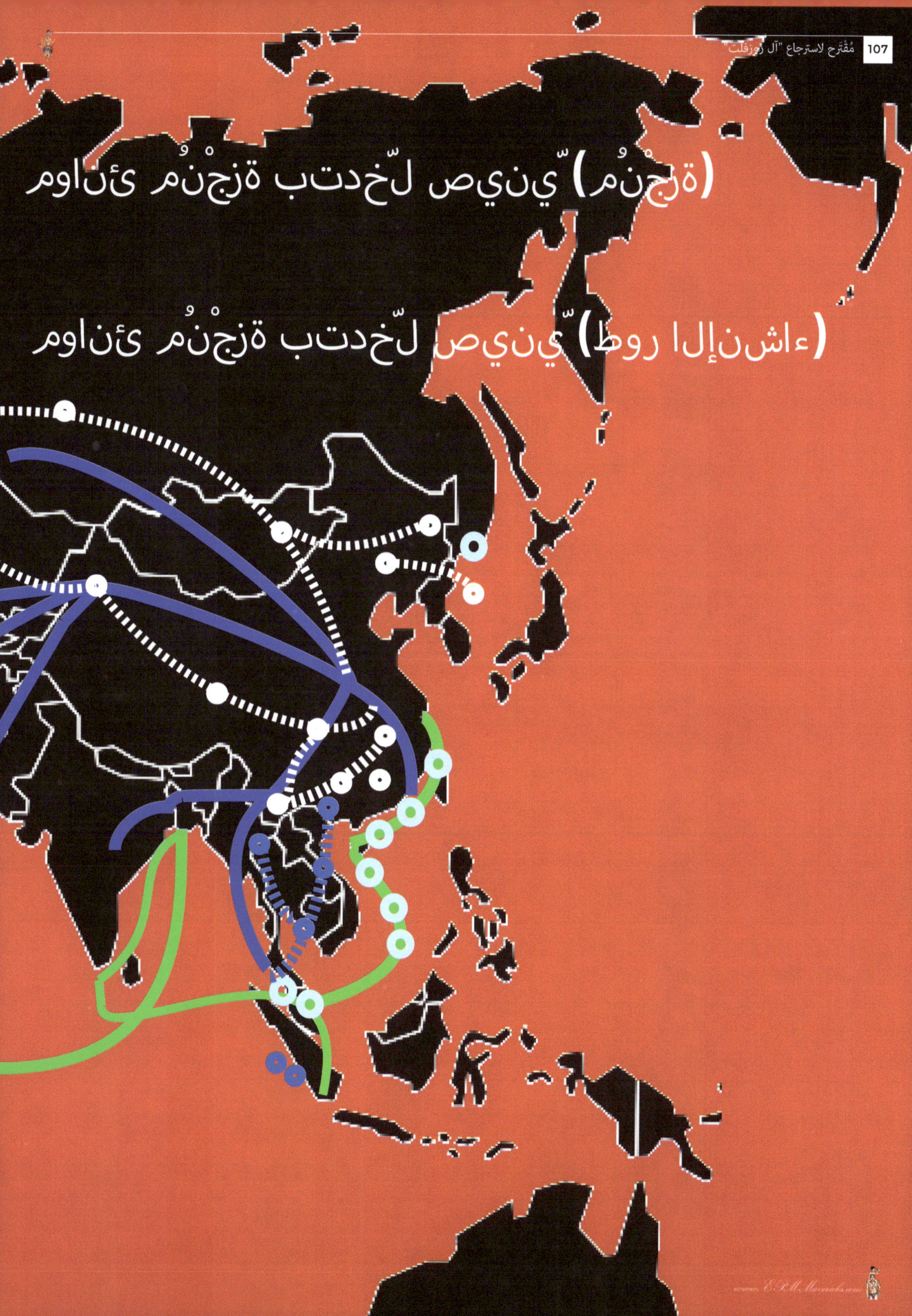
موانئ مُنْجزة بتدخّل صينيّ (مُنْجزة)
موانئ مُنْجزة بتدخّل صينيّ (طور الإنشاء)

- نحن في حاجة إلى تفعيل ريادة الأعمال من خلال الشراكات بين القطاعيْن العامّ والخاصّ وكذلك الجامعات.
- يجب على الحكومة أن تسترجع ملكيّة الأسهم في المشاريع الإستراتيجيّة لمُساعدتها على التعافي.
- يجب على الحكومة مُراقبة شركات الأسهم الخاصّة وأصحاب رؤوس الأموال في الصناعات الحيويّة، وخاصّة في "وادي السيليكون". هناك تهديد على شكل تمويل ضخم من الصّين العازمة على سرقة الملكيّة الفكريّة IP الخاصّ بنا. ويُمثّل هذا تهديدًا مُحتملاً لمصالح أمننا القوميّ.
- يجب علينا إلغاء نظام الهجرة القديم والتركيز على أساس الجدارة. فالعديد من القادة المُبتكرين للتكنولوجيا الفائقة لدينا هم نتاج الهجرة القائمة على أساس الجدارة.
- كما فعل روزفلت، يجب علينا تفكيك الاحتكارات والشركات العملاقة الّتي يجب تفادي فشلها (لأنّ فشلها قد يُدمّر إقتصادًا برمّته)، ويضع حواجز أمام الابتكار.

فتُشَكّل الشركات الصغرى والمتوسّطة(SMEs) أكثر من 99٪ من إجماليّ عدد الشركات في البلدان الّتي توجد فيها. إذْ هي تُوفّر مساهمات هامّة في مجاليْ القيمة المُضافة والتوظيف".

البنك الأوروبيّ للإنشاء والتعمير (EBRD)

5. الهندسة الرقميّة

"أوّلاً، ضع الخُطط الّتي ستضمن لك النصر، ثمّ قُدْ جيوشك إلى المعركة. وإذا لم تبدأ بحيلة واعتمدت فقط على القوّة الغاشمة لوحدها، فلن يكون النصر مضموناً"

"اجعل خُططك سِرّيّة كاللّيل وغير قابلة للاختراق، وعندما تتحرّك، أُهجم كالصاعقة".

صن تزو، فنّ الحرب (221-476 قبل الميلاد)

"يجب علينا اغتنام الفرص الّتي تُتيحها الرقمنة الصناعيّة والتصنيع الرقميّ وأن نُسرّع في وضع البُنى التحتيّة الجديدة مثل شبكات G5 ومراكز البيانات و تصعيد تخطيط الصناعات الناشئة الإستراتيجيّة والصناعات المُستقبليّة في مجالات الاقتصاد الرقميّ والحياة والصحّة والموادّ الجديدة"

شي جين بينغ، الأمين العام للحزب الشيوعي الصينيّ

وقّعت الصّين فعليًا اتّفاقيات مُنظّمة لـ"طريق الحرير الرقميّ" مع العديد من الدول الشريكة الحالية في "مبادرة الحزام والطريق". فـ"مبادرة طريق الحرير الرقميّ" هي بمثابة "حصان طروادة" لبكين. وتهدف إلى تعزيز نفوذها في جميع أنحاء العالم دون منافسة. إنّه باب خلفيّ رقميّ لشركات التكنولوجيا الصّينية كهواوي Huawei وتنسنت Tencent و"علي بابا" Alibaba لوضع بصماتها التجاريّة العالميّة ونسف مُنافسيها الغربيّين.

بينما نحن عالقون في حروب 2 G / 3G / 4G، زادت الصّين في توسيع شبكات الـG5الخاصّة بها وبحث لها الآن عن الـ6G. ومنذ أكثر من عام، منحت الصّين تراخيص تشغيل لشركات كـ China Mobile و China Unicom و China Telecom. ففي سنة 2019، بدأت شركات الاتّصالات الّتي تمتلكها الدولة في طرح شبكات الـ G5 في جميع مُدُن البلاد. وبحُلول سنة 2020، هناك توقّعات بزيادة انتشار الـG5 بنسبة 1100٪ .بدءًا من 50 ألف محطّة قاعديّة في سنة 2019 ، تخطّت الصّين فعليًا 500 مليار اشتراك في خدمات الجيل الخامس G5 وركّزت ما لا يقلّ عن 190 ألف محطّة وقاعدة جديدة للـ 5G في النصف الأوّل فقط من سنة 2021.[61]

مُسدي الخدمات	إجمالي مُشتركي5G بالمليون	مُشتركو 5G الجُدد في عام 2021 (بالملايين)	محطّات 5G القاعديّة	محطّات قاعديّة جديدة لشبكات الجيل الخامس لسنة2021	إجماليّ المُشتركين (بالمليون)
تشاينا موبايل	251	86	5,01,000	1,11,000	946
تشاينا يونيكوم	121	42.2	4,60,000	80,000	310
الاتّصالات الصّينية	131	44.5	4,60,000	80,000	362
المجموع	503	172.7	1,421,000*	2,71,000	1,618

المصدر: https://www.theregister.com/2021/08/20/china_5g_progress

فتمتلك الصّين أو تساعد في بناء حوالي 30٪ من الكابلات الحاليّة في آسيا وتستهدف أكثر من 50٪ من الأسهم قريبًا. لذا تُعدّ Huawei 5Gأكثر تطوّراً من الشبكات الغربيّة المُنافسة وتقوم بتسويق التكنولوجيا بثمن بخس لبقيّة دُول العالم. ويحتوي نظام الملاحة عبر الأقمار الصناعيّة الصّيني أقمارًا صناعيّة أكثر من نظام الملاحة GPS للولايات المتّحدة الأمريكيّة. وعلى الأقل، وقّعت ثلاثون دولة مُنخرطة في "مبادرة الحزام والطريق" (BRI) فعليًا على شبكة باي دو BeiDou للملاحة.

وإلى جانب الاستعمار الاقتصاديّ، حيث تسعى الصّين إلى استعمار الدول الأخرى رقميًا، يجب علينا فحص نُسختنا التقدّميّة من خُطّة مارشال الرقميّة العالميّة لمواجهة "مُبادرة الحزام والطريق" والبنية التحتيّة التكنولوجيّة الصّينيّة. فستكون مُهمّة شاقّة بالنسبة للشركات الغربيّة الالتحاق بشبه المؤسّسات الصينيّة المُتجانسة الّتي تُموّلها الدولة كـ"علي بابا" Alibaba وهواوي Huawei وتينسنت Tencent وزد تي إي ZTE، والّتي تُقدّمّ أحدث المُنتجات بأسعارٍ زهيدة. وذلك بفضل الدعم الحكوميّ.

6. إدارة المعرفة

> "عاملْ جنودك وكأنّهم أطفالك وسيتّبعونك إلى أعمق الوديان؛ أُنْظر إليهم كأبنائك المحبوبين، وسيقفون إلى جانبك حتّى الموت. إذا كنت مُتسامحًا، ولكنّك غير قادرٍ على الإحساس بنفوذك؛ طيّبَ القلب ولكن غير قادرٍ على تنفيذ أوامرك؛ وعلاوة على ذلك، غير قادر على وضع حدّ للفوضى، إذن، يجب تشبيه جنودك بالأطفال المُدلّلين؛ إنّهم غير نافعين لأيّ غرض عمليّ."
>
> فنّ الحرب لصن تزو (221-476 قبل الميلاد)

ما نحتاجه اليوم هو هندسة مرنة، عالية التقنية - وليس هندسة ماليّة تعمل فقط على تبديد ما لدينا. فإنتاجيّة الموارد المعرفيّة للمؤسّسة، ومُوظّفيها، هي مفتاح نجاحها. وتخضع إدارة المعرفة لسيطرة ثقافة العمل الجماعيّ والتعلّم والابتكار. وللأسف ، فقد أصبحت في بيئة اليوم، مصادر المعرفة الضحيّة الأولى. إذ تتلقّى نفس المعاملة مثلها في ذلك مثل مراكز تكلفة المسؤوليّة، ممّا أدّى إلى مناهزة البطالة لحوالي أربعين مليون نسمة، اليوم.

بصمة الصّين في البنية التحتيّة العالميّة

إنّ موارد المعرفة هي العمود الفقريّ للمؤسّسات - لا تقلُّد المناصب.

> "ربَّ العمل الماهر من الرجال يوظّف الرجل الحكيم والشجاع والرجل الطمّاع وكذلك الرجل الغبيّ. لأنّ الحكيم يبتهج بإثبات استحقاقه والرجل الشجاع يُحبّ أن يُظهر شجاعته في العمل والرجل الطمّاع سريع في اغتنام المزايا أمّا الرجل الغبيّ فهو لا يهابُ الموت".
> فنّ الحرب لصن تزو (476-221 قبل الميلاد)

تُظْهر نمْذجة "ماكينزي" أنّه بحلول سنة 2030، يحتاج حوالي ما بين 30 و 40 في المائة من جميع العمّال في البلدان المُتقدّمة إلى الانتقال إلى وظائف جديدة أو ترقية مهاراتهم بشكل جذريّ.[62] وتنتظرنا هذه "التحوّلات التكتونيّة" (نظريّة الصفائح التكتونيّة الّتي تتحرّك في القشرة الأرضيّة لإنشاء الجبال واليابسة والبحار) في حوالي 60٪ من الوظائف؛ وستتمّ أتْمتة أكثر من 30٪ من أنشِطتها.

ولحسن الحظّ، تقترح النمذجة أيضًا أن يُصبح العمّال المَهَرَة أكثر نُدْرة. كما تعمل جائحة كورونا فعليًا على تسريع التحوّل نحو الرقمنة والأتمتة. لقد اعتادت الولايات المُتّحدة أن تكون رائدة المعرفة العالميّة في كلّ المجالات كالزراعة والصحّة والدفاع والطاقة وغيرها. ولسوء الحظّ، كما يُوضّح الرسم البيانيّ أدناه، شهدت الاستثمارات الفيدراليّة انخفاضًا مُطوّلا ومُستمرًا في الناتج المحليّ الإجماليّ. هذا التلاشي في الاستثمارات الأمريكيّة هو وصفة للتراجع الاقتصاديّ والاستراتيجيّ. وفي غضون ذلك، تُرَفّع الصّين من نسق التزاماتها وتجمع الثمار.

★★★★★★★★★★★★★★★★★★★★★★★★★★★★★★★★★★★★★★

تطوّر مؤسّسة المعرفة

"90٪ من المعرفة في المؤسّسة موجودة في أدمغة الموظّفين والعمّال. في المقابل، تقضي الادارة 75٪ من وقتها في تحصيل المعرفة الّتي يتمّ تدوينها".
- بوب بوكمان

مؤسّسة المعرفة
تحفيز الفريق (الأفراد)
التفوّق الاستراتيجيّ (EPM)
التفوّق العمليّ

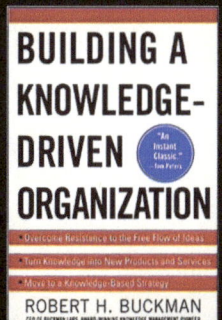

BUILDING A KNOWLEDGE-DRIVEN ORGANIZATION
"An Instant Classic" —Tom Peters
ROBERT H. BUCKMAN

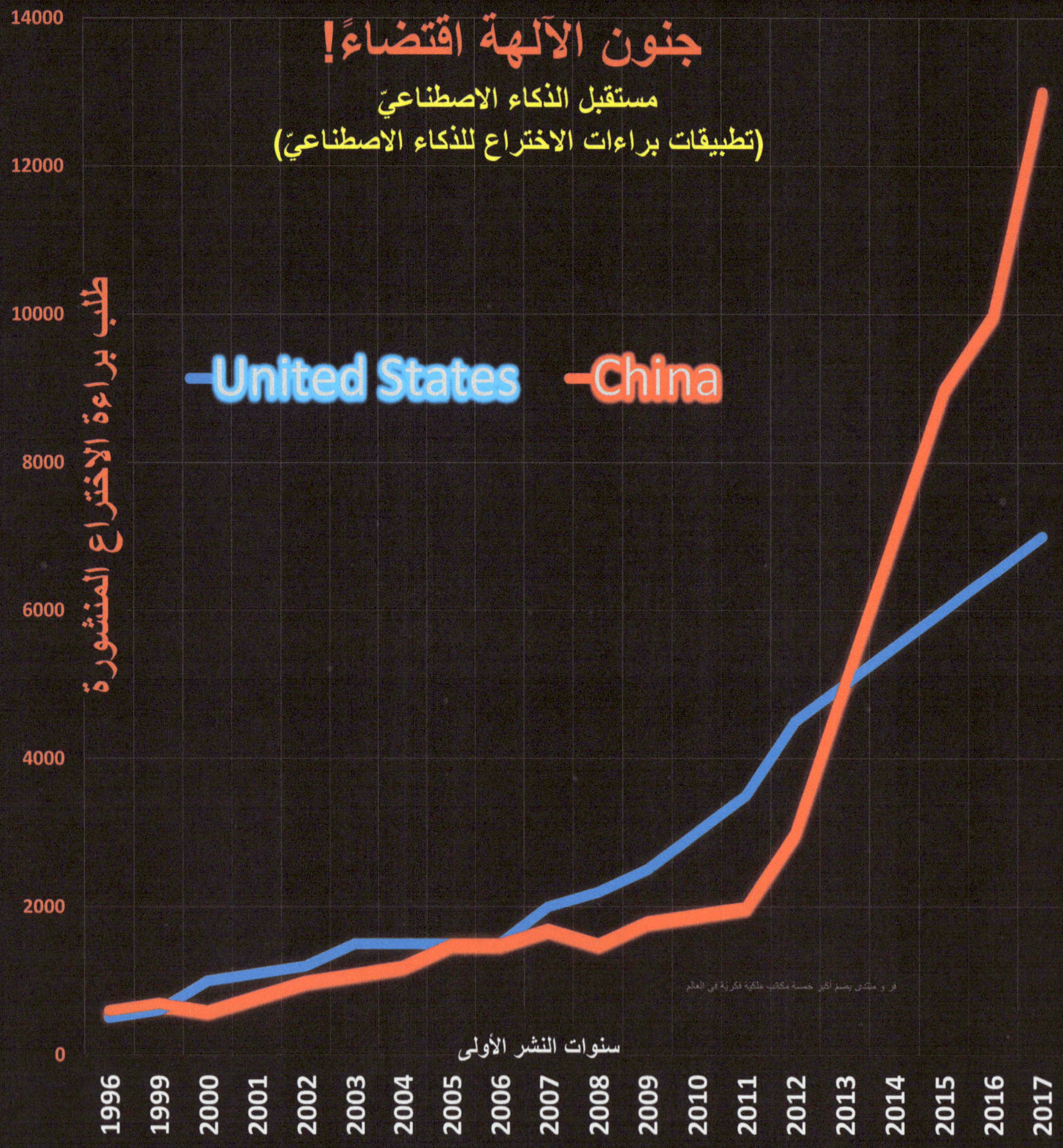
جنون الآلهة اقتضاءً!
مستقبل الذكاء الاصطناعيّ
(تطبيقات براءات الاختراع للذكاء الاصطناعيّ)
طلب براءة الاختراع المنشورة
14000
12000
10000
8000
6000
4000
2000
0
United States
China
فر و منتدى يضم أكبر خمسة مكاتب ملكية فكرية في العالم
سنوات النشر الأولى
1996
1999
2000
2001
2002
2003
2004
2005
2006
2007
2008
2009
2010
2011
2012
2013
2014
2015
2016
2017

7. الدبلوماسيّة

أبْقِ أصْدقاءك قريبين منك وأعداءكَ أقْرب
فنّ الحرب لصن تزو (221-476 قبل الميلاد)

اليوم، نحتاج إلى بناء جسور الدبلوماسيّة وهدم الجدران الفاصلة بدلاً من الانْسحاب والسماح للصّين بأخذ زمام المُبادرة، ويجب أن نتقدّم إلى الأمام لاسْتعادة زمام الأمور من خلال تجديد تحالفاتنا التجاريّة تمامًا مثل منظّمة التجارة العالميّة والبنك الدوليّ وصندوق النقد الدوليّ والأمم المتّحدة ومنظّمة الصحّة العالميّة، الّتي أنشأها روزفلت فور الحرب العالمية الثانية. فنحن بحاجة إلى تأمين قيادة الشراكة عبر المحيط الهادي (TPP) والاستعداد لاتّخاذ خطوات لمواجهة الصّين. وقد كانت اتّفاقيّة الشراكة عبر المحيط الهادي عبارة عن اتفاقيّة تجاريّة مُقْترحة بين أستراليا وبروناي وكندا وتشيلي واليابان وماليزيا والمكسيك ونيوزيلندا وبيرو وسنغافورة وفيتنام والولايات المتّحدة، الّتي تمّ توقيعُها في سنة 2016. ولسوء الحظّ، انسحبت الولايات المتّحدة من إدارة اتّفاقيّة الشراكة عبر المُحيط الهادي الحاليّة سنة 2017، لتستغلّ الصّين الانْسحابَ الأمريكيّ.

وخلال سنوات روزفلت، كانت الولايات المتّحدة الدولة الأكثر احترامًا على مُستوى العالم، حيث حصلت على أكبر مراكز الاستثمار الدوليّ (من حيث نسبة الناتج المحليّ الإجماليّ). فامتلكت الولايات المتّحدة أصولاً أجنبيّة أكثر ممّا امتلكها الأجانب، وإلى حدود الثمانينات. لقد كانت الولايات المتّحدة الأمريكيّة منذ التسعينات، بفضل أسلوب حياتها المُتَراجِع المكْلِف، تبيع أصولها الماليّة الثمينة للأجانب.

ومنذ سنة 2016، تُعدّ الصّين شريكًا تجاريًّا رئيسا لمُعْظم البلدان في العالم (بـ 124شريكا). إذْ لديها شركاء أكثر من ضعف شركاء الولايات المتّحدة (البالغ عددهم 56). والمُثير للقلق هو أنّ السفارات الأمريكيّة معروضة للبيع بالنسبة للمانحين الأثرياء. وتُكلّف الحملات الرئاسيّة النموذجيّة ملياراتِ الدولارات، وكلّ شيء فيها معروض للبيع والشراء من طرف الأثرياء وأصحاب النفوذ. فنحن نُنْفِق حوالي 5000٪ أكثر على ميزانيّة الدفاع ممّا نُنْفقه على وزارة الخارجيّة. ونقلاً عن روبرت جيتس (وزير الدفاع السابق) ، "هناك فِرَق مُشاة في المؤسّسة العسكريّة الأمريكيّة أكثر من مجموع إدارات ومصالح السياسة الخارجيّة الأمريكيّة، برمّتها."

بالكاد تبقى العلاقات الانتهازيّة ثابتةً. إنّ التعرّف على الشرفاء، حتّى عن بعد، لا يضيف زهورًا في أوقات الدفء ولا يُغيّر من شكل أوراقها في أوقات البرد: إنّها مُستمرّة في التلاشي خلال الفصول الأربعة، وتتأثّر بالراحة أو الخطر".
فنّ الحرب لصن تزو (221-476 قبل الميلاد)

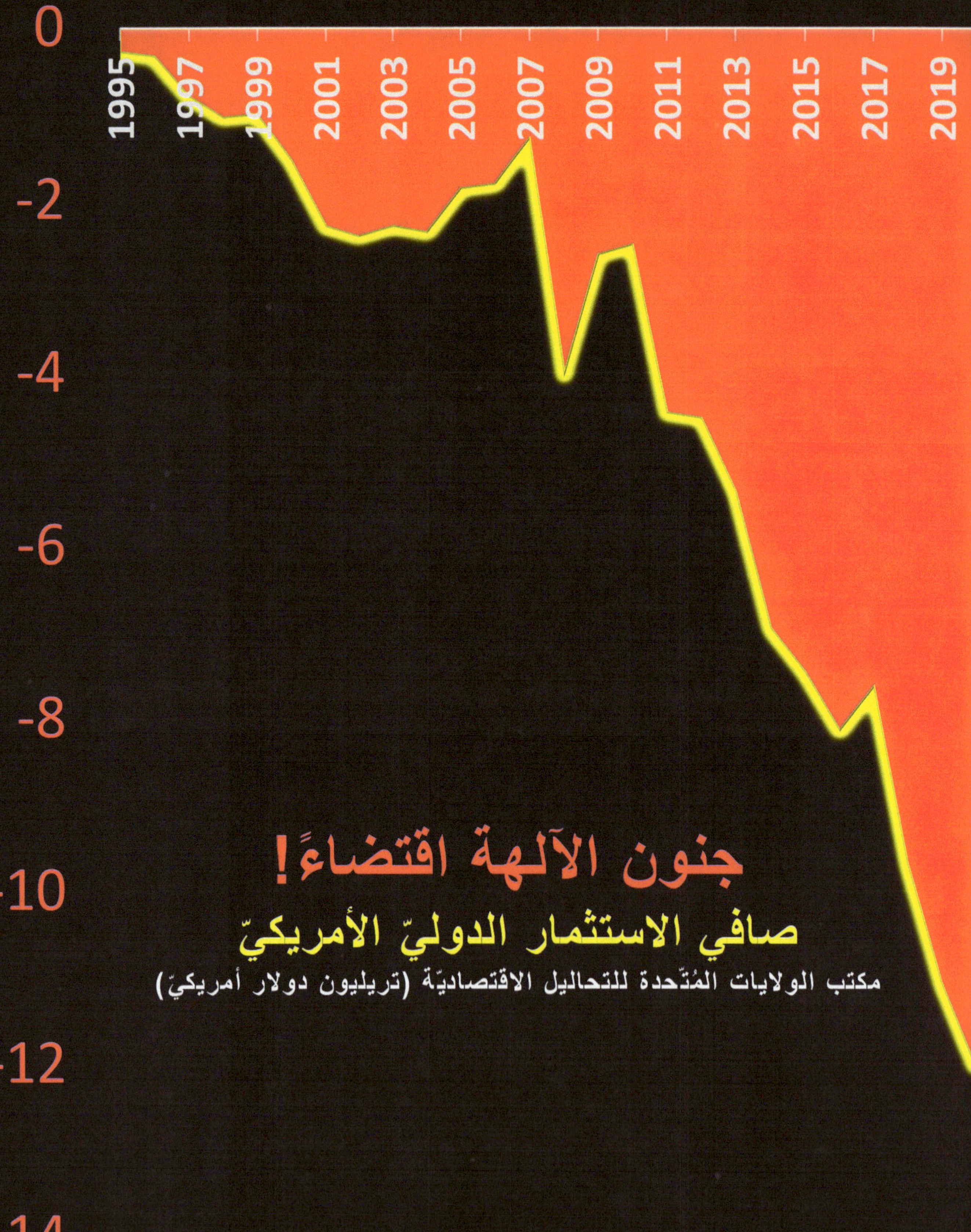
0
-2
-4
-6
-8
-10
-12
-14
1995
1997
1999
2001
2003
2005
2007
2009
2011
2013
2015
2017
2019
جنون الآلهة اقتضاءً!
صافي الاستثمار الدوليّ الأمريكيّ
مكتب الولايات المُتّحدة للتحاليل الاقتصاديّة (تريليون دولار أمريكيّ)

8. العُمْلة العالميّة ومعيارُ الذهب

تصميم حرب رابحة يُشبه مُقايضة عُمْلة ذَهبيّة بعُمْلة فِضيّة.
وتصميم حرب خاسرة يُشْبِه مُقايضة عُمْلة فِضيّة بعُمْلة ذهبيّة ".
فنّ الحرب لصن تزو (221-476 قبل الميلاد).

يمنح مخزوننا من العملة الاحتياطيّة شركاتنا "الامتياز الإلهيّ" لاقتراض المزيد من الأموال بتكلفة أقلّ. كما يسمح لنا بممارسة نفوذ هائل على جميع الأنشطة الماليّة الّتي تُسَيَّر في العالم بالدولار الأمريكيّ، مثل السيطرة على الأنظمة في إيران وفنزويلا وكوريا الشماليّة. وبفضل روزفلت، أصبح الدولار الأمريكيّ العملة الاحتياطيّة العالميّة في عام 1944. وفي ذلك الوقت، كانت الولايات المتّحدة الدولة الأكثر نفوذاً اقتصاديًّا وماليًّا وعسكريًّا في العالم. ومع ذلك، فإنّ النفوذ القويّ المتأتّي من امتياز "العملة الاحتياطيّة" مُقترن أيضًا بمسؤوليّاتٍ وأدوار أكبر.

وقبل 75 عامًا، كان الاقتصادُ الأمريكيّ يُمثّل حواليْ 40٪ من الناتج المحليّ الإجماليّ العالميّ. وللأسف، اليوم يمثّل أقلّ من 15٪ في تعادل القوّة الشرائيّة. وفي الوقت نفسه، تتقدّم الصّين إلى أكثر من 20٪. لقد أدّى سوء استخدامنا لـ"امتياز أمين محفظة العملة الاحتياطيّة" إلى تبديد حُسْن نيّتنا وثقة الدول الأخرى فينا. فينبغي إعادة تقييم الأساليب الحاليّة، ذلك أنّه "أيّام إمبراطوريّتنا معدودة".

لا يزال لحُسْن الحظ، 79.5٪ من إجماليّ المعاملات التجارة العالميّة يتمّ بالدولار الأمريكيّ، وذلك بفضل مخزون الولايات المتّحدة الاحتياطيّ من الذهب والعملة[63]. وبدلًا من إساءة استخدام العملة الاحتياطية كأداة سياسيّة وطباعتها بلا حدود، ينبغي استعادة الثّقة في الدولار الأمريكيّ كعملة احتياطيّة قبل أن يفقد مكانته لصالح "الرنمينبي" Renminbi وعُمْلته المُشفّرة. إذْ نحن في حاجة إلى تحديث صندوق النقد الدوليّ والبنك الدوليّ ونظامنا المصرفيّ بما يتماشى وظهور المراكز الماليّة الصّينيّة وعُمْلاتها المُشفّرة. وكما تظلّ اللغة الانجليزيّة لُغَةَ العالم بأسْره، تميلُ العُملات الاحتياطيّة إلى الاحتفاظ بنفوذ أكبر لأنّ استخدامها قد يستمرّ لفترة أطول قليلاً. ومع ذلك، عاجلاً أو آجلاً، وبمُجرّد أن يصبح العالم قابلاً للتداول بـ"اليُوان الصّيني"، سيتلاشى بريق كلّ ذلك. كما يعمل فايسبوك أيضًا على استعمار المُدْمنين رقميًّا مُستخدمًا في ذلك العملة المُشفّرة (ليبرا Libra).

جنون الآلهة اقتضاءً!

التبادل التجاريّ للبضائع الأمريكيّة مع الصّين

وزارة التجارة الأمريكيّة (مليار دولار أمريكيّ)

في خضم الفوضى، هناك فرصٌ أيضا".
فنّ الحرب لصن تزو (221-476 قبل الميلاد).

لأكثر من 75 عامًا، وبشكل مباشر أوغير مباشر، سيطرت الولايات المُتّحدة على معظم التمويلات الخارجيّة. ولدينا هذا التأثير بسبب وضعنا مخزوننا الاحتياطيّ بالعملة والذهب وسيطرتنا على مؤسّسات كجمعيّة الاتّصالات الماليّة العالميّة بين البنوك (سويفت **SWIFT**).

وفي سنة 2019، أنشأت الشركة الأوروبية لوسائل النقل ذات الأغراض الخاصّة **(SPV)** التبادلات التجاريّة **(INSTEX)** لتسهيل المعاملات غير الخاضعة للدولار الأمريكيّ والسويفت **SWIFT** مع إيران وذلك تجنّبا لخرق العقوبات الأمريكيّة. إنّ **INSTEX** هو شكل من أشكال نظام المُقايضة الّذي يسمح للشركات في الاتّحاد الأوروبيّ، وربّما بقيّة العالم، بتجاوز النظام الماليّ الأمريكيّ من خلال إلغاء الدفوعات عبر الحدود القائمة على **SWIFT** بالدولار الأمريكيّ. وتقوم ثلاث دول كبرى (ألمانيا وفرنسا والمملكة المتّحدة) بذلك حاليًّا للتجارة مع إيران. فيُعَدّ هذا "طلقة تحذير" خطيرة. ويجب أن نرى ذلك لكونه تهديدًا ليس فقط لسياسات الولايات المُتّحدة، بل لـ"وضعنا كاحتياطيّ"، أيضًا. كما يُمْكن تسوية الصفقات التجاريّة بين الصّين وإيران بعملة "الرنمينبي". والعديد من الدول الأخرى، كالهند، ستتّبع هذه الخطوة، قريبًا. وللصّين مجتمع مُنغلق على نفسه ولكنْ لديها سياسة تجاريّة مُنْفتحة على الآخر، وهي دائمًا تَدْرس النظام الأمريكيّ على نطاق واسع قبل اتّخاذ خُطُواتها الاستراتيجيّة. إذْ يبدو أنّ مُجْتمعنا الرأسماليّ المُنْفتح يتّجه نحو عقليّة شديدة الانغلاق. فنحن، نفتقر تمامًا إلى التفكير الإستراتيجيّ الطويل المدى. لقد حان الوقت لأنْ نعترف بشُركائنا الإستراتيجيّين الّذين ساعدونا في أن نُصْبِحَ قُوّةً عُظْمَى.

ومنذ كارثة التسونامي الاقتصاديّ لسنة 2008، فقدت الصّين الثقة في الشركات الغربيّة وبدأت في البحث عن حلول بديلة. لقد أنشأت الصّين نظام الدفع بين البنوك عبر الحدود ((CIPSومؤسّسات ماليّة ضخمة بديلة مقرّها الصّين، مثل بنك آسيا للاستثمار في البنية التحتيّة (AIIB) ، وبنك التنمية الجديد (NDB) المعروف سابقًا باسم "بنك بريكس" BRICS كبديل لصندوق النقد الدوليّ، والبنك الدوليّ الّذي أسّسته الولايات المتّحدة. كما طوّر الصينيّون أنْظمة دفع رقميّة أكثر تقدّمًا مثل "ويشات" "WeChat" وأليباي "Alipay"، والّتي تضمّ حواليْ ملياريْ مُسْتخدم نَشِط، وستنمو بشكل كبير بمجرّد طرحها عبر "منصّة طريق الحرير الرقميّ" (DSR).

وبينما كُنّا نُحارب جائحة كورونا والاضطرابات المدنيّة، أطلق الصينيّون شبكة خدمات البلوك تشين (Blockchain (BSN . هذا "اليوان الرقميّ" هو أضخم بيئة ملائمة للتعامل بالبلوك تشين في العالم، ممّا يجعل الصّين أوّل اقتصاد رئيس يُصْدر عُملة إلكترونيّة وطنيّة "الإلكترو-يوان" (عملة رقميّة). وتُعْرف شبكة خدمات البلوك تشاين (Blockchain (BSN بـ"البنية التحتيّة للبُنى التحتيّة". كما تُتيحُ بيئة البلوك تشاين Blockchain هذه، غير المسموح بها، هذا التكامل الرأسيّ للبيانات الضخمة واتّصالات G5 وإنترنت الأشياء الصناعيّ والحوْسبة السحابيّة والذكاء الاصطناعيّ. كما ستوفّر هذه التكنولوجيا الماليّة العديد من خدمات رافعة التطبيقات الأخرى. فكانت شبكة خدمات البلوك تشاين (Blockchain (BSN الهدف الرئيس لـ"العصب الماليّ" الداعم لطريق الحرير الرقميّ (DSR) ، وذلك من خلال إنشاء منصّة للتواصل مع جميع شركاء "مبادرة الحزام والطريق" في الصّين.

واستنادًا إلى تقرير صادر عن "ج. ب مورقان"، JPMorgan ، نستخلص أنّه "لا يوجد بلد خاسر أكثر من الولايات المُتّحدة والمردّ في ذلك إلى الإمكانيّات التخريبيّة للعملة الرقميّة." إنّ منصّتنا الماليّة القديمة لسوء الحظّ الّتي تُديرها "وول ستريت" جاهزة لخوض اضطرابات رقميّة. وإذا لم نتّخذ إجراءات فوريّة، فإنّ الصّينيّين سيغزون بلا شفقة النظام القديم الّذي أُسّس منذ أكثر من 75 عامًا.

جنون الآلهة اقتصاداً!

البحث والتطوير الحكوميّ

نسبة الناتج المحليّ الإجمالي

الولايات المُتّحدة الأمريكيّة

الصّين

3
2.5
2
1.5
1
0.5
0

1996 1997 1998 1999 2000 2001 2002 2003 2004 2005 2006 2007 2008 2009 2010 2011 2012 2013 2014 2015 2016 2017 2018 2019

المصدر: مكتب الميزانية في الكونغرس والمؤتمر الاستشاري السياسي للشعب الصيني

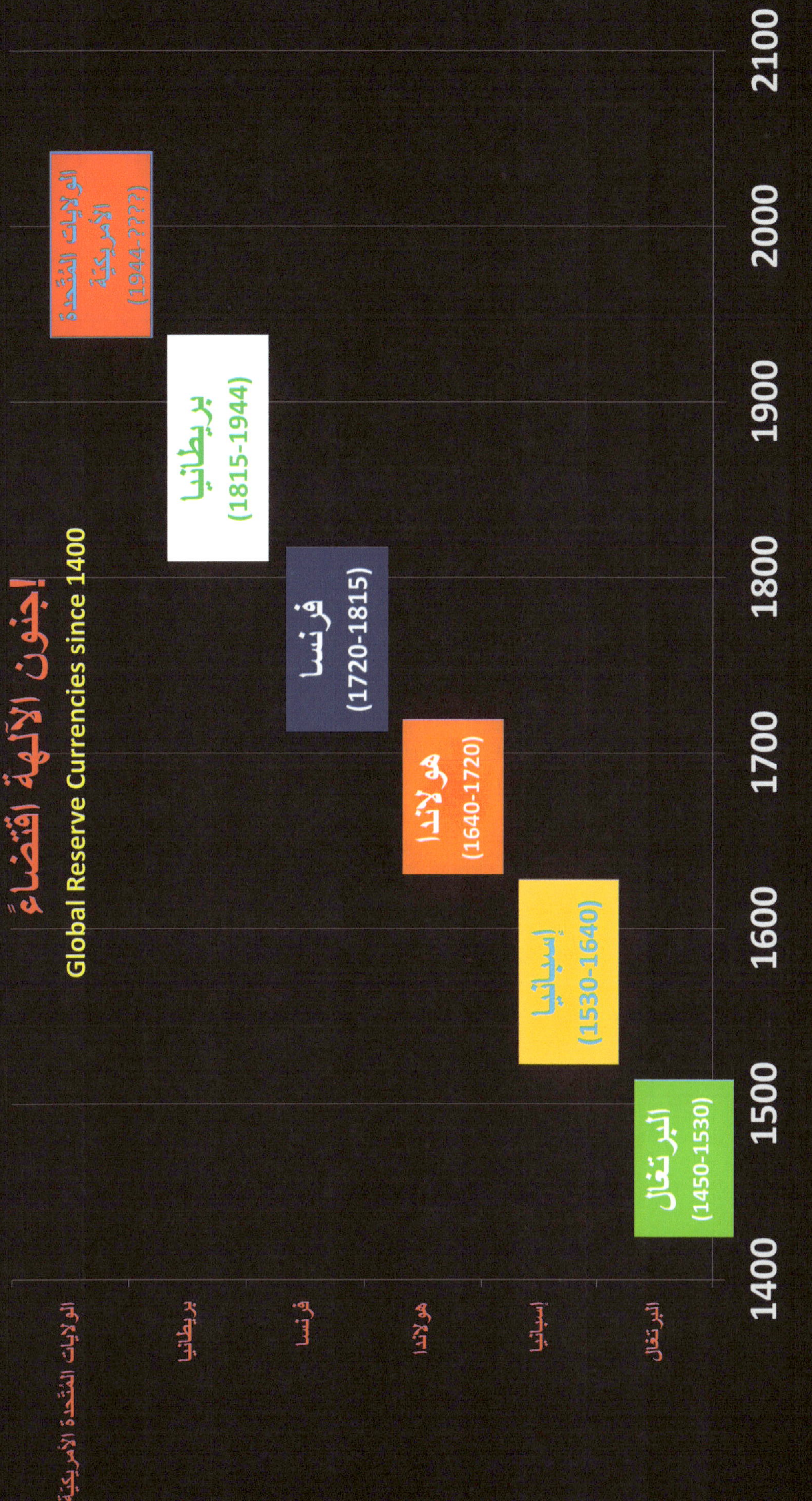

جنون الآلهة اقتضاءً!

Global Reserve Currencies since 1400

الولايات المُتَّحدة الأمريكيّة
بريطانيا
فرنسا
هولاندا
إسبانيا
البرتغال

البرتغال (1450-1530)
إسبانيا (1530-1640)
هولاندا (1640-1720)
فرنسا (1720-1815)
بريطانيا (1815-1944)
الولايات المُتَّحدة الأمريكيّة (1944-????)

1400 1500 1600 1700 1800 1900 2000 2100

10. رأس المال و السيولة

"على من يرغب في القتال أن يُقدّر ثمن ذلك، أوّلاً".
فنّ الحرب لصن تزو (221-476 قبل الميلاد)

في يوم من الأيّام، كانت نيويورك أهمّ مركز ماليّ في العالم، إذْ لعبت دور المهندس الماليّ المسؤول عن العالم الحرّ. ولسوء الحظّ، وبسبب الهندسة الماليّة المُبالغ فيها، أصبحت نيويورك نفقًا للرأسماليّة.

ومن ناحية أخرى، تعمل الصّين بسرعة فائقة على تطوير مركزها الماليّ انطلاقا من شنغهاي للإطاحة بشكل مُطّرد بنفوذ الولايات المُتّحدة. وبشكل مُطّرد آخر أخذ عدد الشركات العموميّة في الولايات المُتّحدة في التراجع منذ أن بلغ ذُرْوته في أواخر التسعينات، فتقلّص هذا الرقم الّذي كان يفوق الـ7000 شركة لينخفض إلى أقلّ من 3000 اليوم[64]. هذا الرقم هو مرّة أخرى نتيجة لهندستنا الماليّة وللأسهم الخاصّة وعمليّات الدمج والاستحواذ وتدفّقات رأس المال.

خلال نفس الفترة، نما سوق الأسهم الصينيّة من الصفر إلى حوالي 5000. أمّا في الولايات المتّحدة، فقد انخفض هذا الرقم بأكثر من 50٪. كما شهدت الصّين معدّل نموّ قدره 1000٪ في السنوات الخمس والعشرين الماضية.

"لديّ ثلاثة كنوز أحتفظ بها وأقدّرها: الأوّل هو الشفقة، والثاني هو التقشّف والثالث هو الإيثار. بالشفقة يمكن للمرء أن يكون شجاعًا، وبالتقشّف يُمكنه أن يمدّ يد المساعدة، وبالإيثار يضمن بقاءه بفاعليّة وإذا تخلّى المرء عن الشفقة والشجاعة، وتخلّى عن التقشّف ورحابة الصدر، وتخلّى عن التواضع وصار عُدوانيًا، فإنّه سيموت حتمًا. إنّ الشفقة في حالة الحرب تؤدّي إلى النصر. والشفقة في حالة الدفاع تؤدّي إلى الأمن".
فنّ الحرب لصن تزو (221-476 قبل الميلاد)

تقع فوضى نظامنا الرأسماليّ الحاليّ - القائم على دورة حياتيّة أشبه بتلك الحيوانيّة "حوت يأكل حوتًا"(أو كلابٌ تأكل كلابًا كما يقول المثل الانجليزيّ)- تحت أقدام لجان العمل السياسيّ ولوبيّات الضغط الموجودة خارج واشنطن العاصمة. وتُموّل الصين أسهم العديد من الشركات الخاصّة وأدوات الاستثمار الأخرى. كما تُموّل صناديق الثروة السياديّة في الدول الأجنبيّة الّتي قد لا تأخُذ مصالحنا بعين الاعتبار. ويبحث غُزاة الشركات ونسور "جوردون جيكو" على الربح السريع. فتتمّ الغالبيّة العظمى من هذه الصفقات بين أجهزة الكمبيوتر وحسب خوارزميّات لا تخضع لأُسُس واضحة. هم وصمة عار حقًّا. وللمُحافظة على اقتصادنا ودعم الاستمراريّة، يتعيّنُ علينا، أوّلا، الاستغناء عن خدمات لجان العمل السياسيّ (PACs). كما يجب أن يكون السياسيّون ولوبيّات الضغط في المُستنقع (واشنطن العاصمة)، الّذين يُفسدون النظام ويُسيئون اسْتخدامه، قيْد التحقيق.

جنون الآلهة اقتضاءً!

نفق الرأسماليّة؟

الثقب الأسود للشركات الأمريكيّة؟

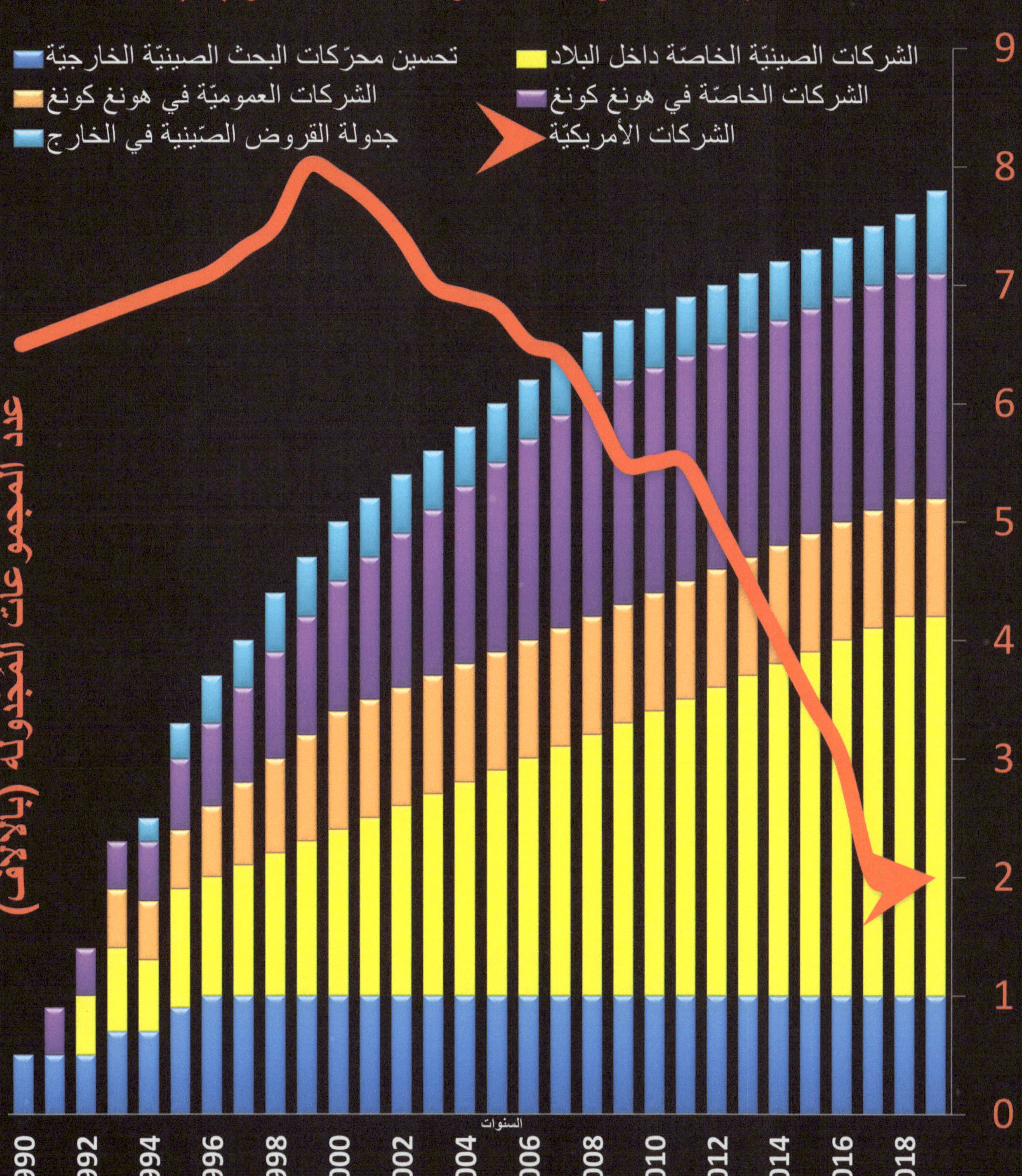

- يجب أن نأخذ بزمام المبادرة في بناء مؤسّسات ماليّة مُتعدّدة الأطراف على غرار البنك الآسيويّ للاستثمار في البنية التحتية (AIIB) لأجل مواجهة دبلوماسيّة الصّين المتمثّلة في"فخّ الديون" والّتي تبلغ قيمتها 10 تريليونات دولار والجيل القادم من استراتيجيّة "الحزام وطريق الحرير" وغير ذلك من مشاريع البنية التحتيّة ذات التكنولوجيا الفائقة. وعوضًا عن التركيز داخليًّا، كما تفعل الشركات الصّينيّة، نحتاج إلى الخروج إثر فترة النقاهة ومغادرة بُرجنا العاجيّ والتوق نحو آفاق جديدة، خاصّة في البلدان النامية، لضمان بقائنا على قيد الحياة...
- يجب علينا دراسة تأثير نتائج "وول ستريت" على امتداد ثلاثيّة كاملة وعمليّات إعادة شراء الأسهم و صفقات "جوردون جيكو" الاستثماريّة والمصرفيّة، وصفقات الأسهم الخاصّة أيضًا. كما ينبغي على الحكومة أن تُراقب عن كثب هذه الأنشطة السرطانيّة.
- تقديم مُكافآت طويلة المدى للمُديرين التنفيذيّين حسب آدائهم- لا تستند إلى سعر السهم قصير المدى، الّذي من شأنه أن يُهْدر أسس الميزانيّة العُموميّة المُمتازة.
- حظر الأسهم الخاصّة.

11. الأمن

"هناك خمسة عناصر أساسيّة لتحقيق النصر:
1. سينتصرُ من يُفرّق بين وقت القتال وعدمه.
2. سينتصرُ من يُتْقن التعامل مع كلّ من القوى المُتفوّقة عليه والضعيفة.
3. سينتصرُ من تكون كلّ صفوف جيشه مُنسجمة وتدفعها الروح القتاليّة ذاتها.
4. سينتصر من استعدّ جيّدا، وانتظر أن يهاجم العدوّ على حين غرّة
5. سيفوز من لديه القدرة على قيادة الجيش ولا يخضع إلى تدخّل الملك في قراراته ".

فنّ الحرب لصن تزو (221-476 قبل الميلاد)

لا نزال مجموعة من رجال الأدغال القبليّين المُتحاربين الّذين يرتدون بدلات فاخرة وأحذية لامعة. وتُعدّ الحوْكمة بين 195 دولة صعبة جدًا. كما تُعدّ المنظّمات كالأمم المُتّحدة ومنظّمة التجارة العالميّة وغيرها في الغالب هيئات شكليّة. إنّ القوّة الغاشمة وهيبة السلاح هما أكثر أهميّة منها. إنّ مكانتنا كقوّة عظمى ومجمع صناعيّ حربيّ هامّة لحماية طرق التجارة والشركات من التأثير الأجنبيّ في جميع أنحاء العالم وحتّى في الفضاء. وللمؤسّسة العسكريّة الأمريكيّة قواعدُ في 70 دولة، وفي ذلك أمر ضروريّ لحماية مصالح شركاتنا، أيْضًا.

لمدّة أربعة قرون، حكمت شركات الهند الشرقيّة الهولنديّة والبريطانيّة العالم من دولتيْن صغيرتيْن بقوّة السلاح.

"لقد انتصر الغرب على العالم ليس بتفوّق أفكاره أو قيمه أو دينه ... بل بتفوّقه في تطبيق العنف المُنظّم. غالبًا ما ينسى الغرب هذه الحقيقة، والآخرون لا ينسون ذلك أبدًا ".

صموئيل ب. هنتنغتون،
"صراع الحضارات وإعادة تشكيل النظام العالميّ"

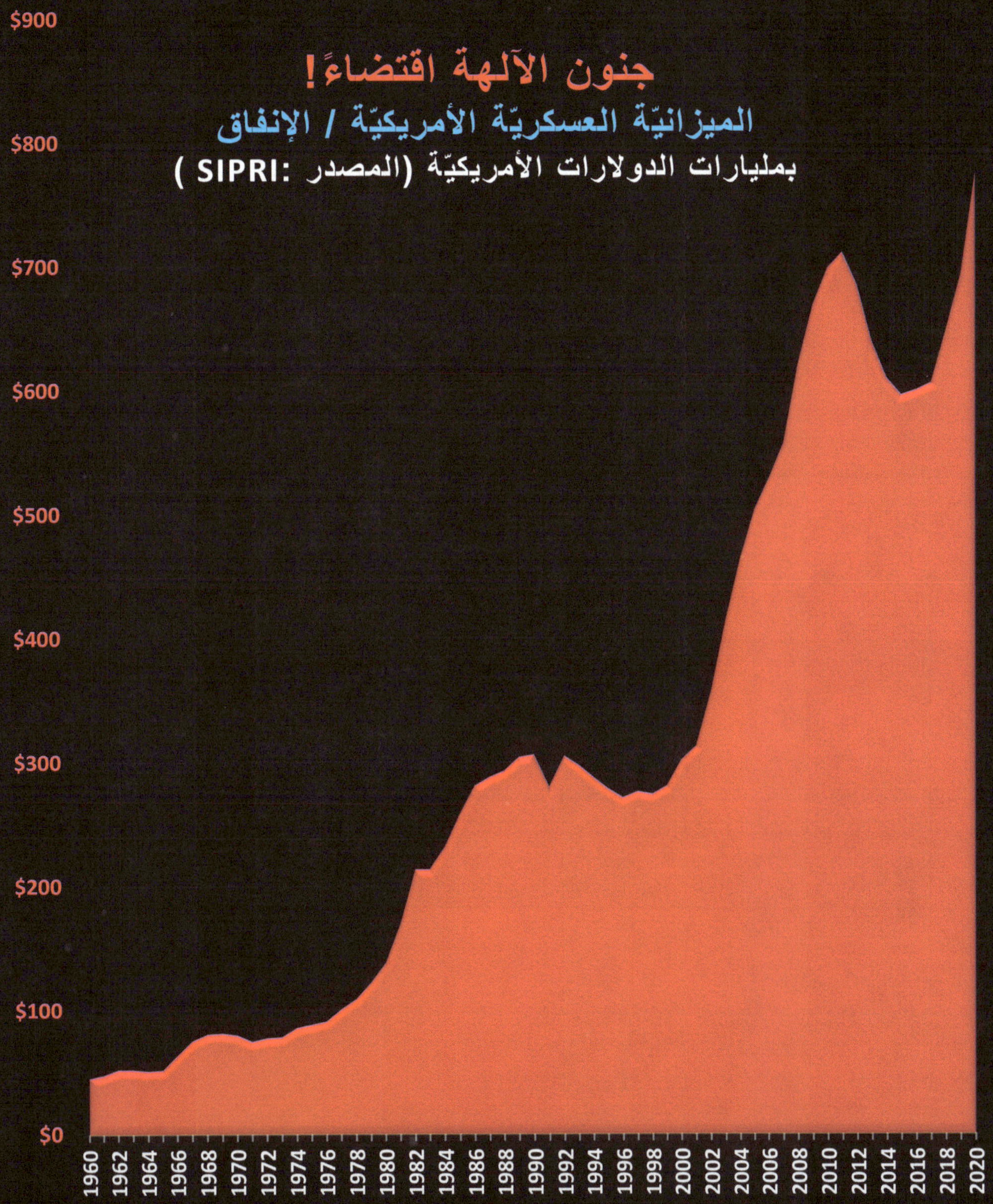

جنون الآلهة اقتضاءً!

الميزانيّة العسكريّة الأمريكيّة / الإنفاق

بمليارات الدولارات الأمريكيّة (المصدر: SIPRI)

$900
$800
$700
$600
$500
$400
$300
$200
$100
$0

1960 1962 1964 1966 1968 1970 1972 1974 1976 1978 1980 1982 1984 1986 1988 1990 1992 1994 1996 1998 2000 2002 2004 2006 2008 2010 2012 2014 2016 2018 2020

وبالرغم من كوني لست خبيرًا عسكريًا، بل مستشار في قطاع الدفاع الجوّيّ على مدى السنوات العديدة الماضية، واستنادًا إلى دراسة جامعة براون (أرباح الحرب: الشركات المُستفيدة من زيادة إنفاق البنتاغون بعد 11 سبتمبر)[65]، فإنّ حوالي نصف 14 تريليون دولار الّتي أنفقها البنتاغون منذ 11 سبتمبر صُرفت في مجمع الصناعة الحربيّة ولمقاولي الدفاع. وقد نشأ هذا التوجّه مع نائب الرئيس آنذاك "ديك تشيني"، الرئيس التنفيذي السابق لشركة هاليبورتونHalliburton . وقد تلقّت شركة هاليبورتون Halliburton المليارات للمساعدة في إنشاء القواعد وإدارتها وإطعام القوّات وتنفيذ مهامّ أخرى في العراق وأفغانستان بحلول سنة 2008. وقُدّم ثلث عقد البنتاغون، هذا، تقريبًا إلى خمس شركات كبرى فقط وهي (لوكهيد مارتن، بوينغ ، جنرال ديناميكس ، ريثيون ونورثروب جرومان). وبعض هذه الشركات مملوكة من طرف صناديق ثروة سياديّة خارجيّة، بما في ذلك المملكة العربية السعوديّة[66]، الّتي من المحتمل أن تكون مُتورّطة في هجمات 9/11[67]. وإلى ذلك قدّرت لجنة التعاقد زمن الحرب في العراق وأفغانستان أنّ ما بين 30 مليار دولار و 60 مليار دولار قد هُدرت في التحيّل وسوء الاستخدام خلال سنة 2011 فقط. ومع انسحاب القوّات العسكريّة الأمريكيّة من العراق وأفغانستان، أصبحت الصّين الآن حُجّتهم لتبرير حوالي تريليون دولار من الإنفاق العسكريّ الأمريكيّ كلّ عام. ووفقَ الدراسة ذاتها، فإنّ "أيّ عضو في الكونجرس يرفض التصويت على الميزانيّة الّتي نحتاج إليها للدفاع عن هذا البلد، ثمّ يبحث له عن وظيفة جديدة عَقِبَ نوفمبر القادم." فكلّ سنة ، تنفق حكومة الولايات المُتحدة حوالي تريليون دولار على الدفاع، وهو أكثر من الدول العشر المُوالية لها مُجْتمعة.

ومع ذلك، فإنّ العديد من أنظمتنا الدفاعيّة قديمة وليست في وضع استخدام. وعلى سبيل المثال لا الحصر، المئات، إن لم نقل الآلاف من طيّاري القوّات الجويّة الأمريكيّة يُسيّرون طائرات صُنِعت قبل ولادتهم، وكثير منهم ليس مُؤهّلا لقيادتها.

"الأسطول الأمريكيّ هو محور أقوى بحريّة شهدها العالم على الإطلاق، أو باختصار، حاملة الطائرات، مُعرّضة لخطر أن تصبح مثلها مثل البوارج الّتي صُمّمت في الأصْلَ لدَعْمها:

كبيرة ، باهظة الثمن [> *10* مليار دولار] وضعيفة

- والمثير للدهشة أنّها لا تتناسب وطبيعة الصراعات في ذلك الوقت.

....

ويتطلّب تسييرها حوالي *6700* رجل وامرأة (كطاقم)، وتبلغ تكلفة تشغيل كلّ مجموعة ضاربة حواليْ *6.5* مليون دولار يوميًّا ".

الكابتن هنري ج هندريكس، متحصّل على الدكتورا، مارس 2013

على عكس ذلك، تُنفق الصّين دولاراتها (الثمينة) على صواريخ مُتطوّرة تفوق سرعتها سرعة الصوت، جاعلةً "الألعاب الأمريكيّة الفاخرة" غير مُؤمّنة. كما يُمكن للصواريخ البالستيّة الصّينية من طراز DF-26 والّتي تبلغ كُلفتها مائة ألف دولار فقط أن تُغْرِق البوارج البحريّة للولايات المتّحدة (البطّ الّذي يطفو في البحار) الّتي تبلغ كلفة الواحدة منها 10 مليارات دولار.

تتصرّف الولايات المتّحدة بشكل غير عقلانيّ وبطريقة مشابهة للاتّحاد السوفياتيّ وبـ"عقيدة يوم الحساب" الّتي يقودها عدد قليل من مجموعات المصالح الخاصّة والمؤثّرة بـ 2 تريليون دولار متأتّية من الصناعة والطوائف الأرثودكسيّة البدويّة.[68] وقد لا يكون للإنفاق الدفاعيّ الأمريكيّ أساس قائم على إستراتيجية عقلانيّة ستكون الأفضل بالنسبة للشعب الأمريكيّ. وبدل ذلك فقد تكون هناك لوبيّات لمُقاولي الصناعات الحربيّة من شأنها أن تُؤثّر على أعضاء الكونجرس من خلال تركيز مصانع وقواعد التصنيع في مناطقهم (بالتالي التأثير على التوظيف والبطالة). وقد يسخر الصّينيون منّا لأنّنا نشرب من هذه "الكأس الماليّة

المسمومة للإنفاق العشوائيّ" والمُتْرَعة بالمال المُقْتَرَض منهم. ويُعدّ المُسْتثمرون الصّينيّون لشبه المؤسّسات مُساهمين هامّين في العديد من أدوات الاستثمار، بما في ذلك شركات الأسهم الخاصّة، الّتي تمتلك مقاولين في قطاع الدفاع. ومن المُفارقات أنّ بعض "صناديق الثروة السياديّة غير الوديّة" تمتلك على الأقلّ بعضًا من مُقاولينا الأساسيّين في القطاع الحربيّ أيْضًا.[69]

"عندما نَشْنُق الرأسماليّين
سيبيعون لنا الحبل الّذي سنستخدمه لذلك."

— جوزيف ستالين

★ ★

مثلنا في هذا مثل السوفياتيّن الّذين شهدوا نهاية إمبراطوريّتهم من خلال التورّط من جانب واحد في صراعات سياسيّة لا داعي منها، فنحن نسفك دماءنا الثمينة ونستنزف كنوزنا. ومن المُفارقات العجيبة، أنّنا مُقلّدون بارعون، نرتكب نفس الأخطاء الّتي ارتكبها الرُوس في أفغانستان. فمن المستحيل قهر الأفغان. لقد فشل الفرس والإسكندر الأكبر وجنكيز خان والبريطانيّون والروس في ذلك. وفي الآونة الأخيرة، وفي صحاري الشرق الأوسط التي دمّرتها الحرب، "أتْلَفْنَا" 5 تريليونات دولار من خلال التورّط في حروب القبائل البدويّة.

هذه المغامرة اللاّ-عقلانية هي هديّة في طبق من ذهب للصين. إذْ تُركّزُ هذه الأخيرة بشكل إستراتيجيّ في قَطْع جميع خُطواتها، فَنَمَت بشكل مُذْهل خلال سنواتنا المُتَدَهْورة، مُسْتفيدةً في ذلك من غبائنا. ومنذ انطلاق الولايات المتحدّة في تصدير النفط، لم تكن هناك أيّه قيم إستراتيجية في الشرق الأوسط سوى فقدان "الدماء الثمينة" والكنوز. باختصار، نحن نحمي إمدادات النفط إلى الصّين، كما حدث في أفغانستان وباكستان ، وذلك بمُساعدة الصّين على كسب مصالحها التجاريّة.

★ ★

جنون الآلهة اقتضاءً!

الإنفاق العسكريّ في الولايات المتّحدة لسنة 2020

نفق الرأسماليّة: القليل من البحث والتطوير؟

المصدر:مكتب الإدارة والميزانيّة (OMB)

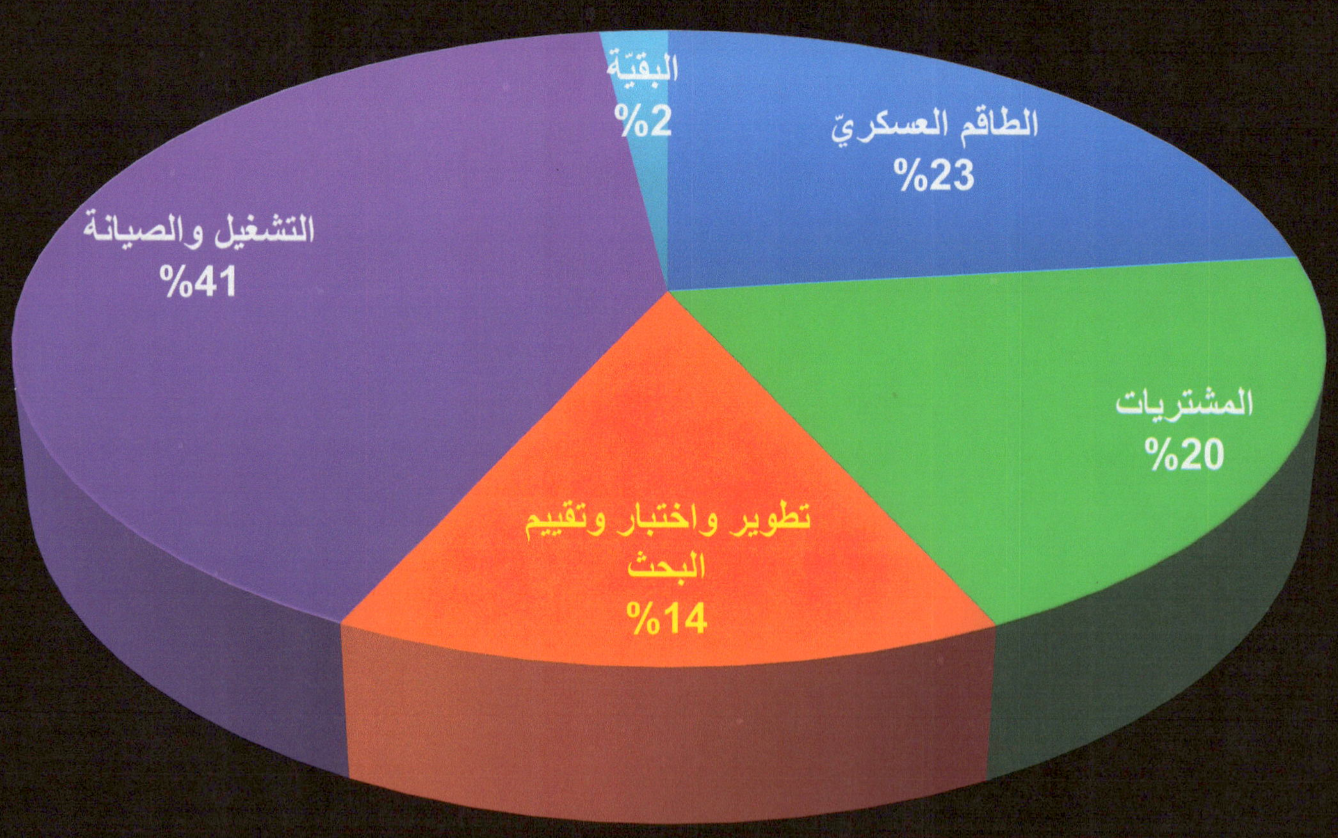

12. إستراتيجيّات التحوّل الرقميّ الكبرى وضوابِطُها:

لكي ننجح، نحتاج إلى تَشرُّب رُوحٍ إستراتيجيّة ضخمة وشاملة.
وتتضمّن الإستراتيجيّة الكبرى (الشرعيّة الأخلاقيّة) وقوانين السماء والأرض (البيئات المادّيّة) والريادة، وفي الأخير الأسلوب (الطريقة) والانضباط (تقييم القوّة العسكريّة، وإمكانات القوّة النسبيّة).
وبمجرّد أن تجتمع جميع هذه العناصر، يُمْكن للدولة أن تستفيد من إستراتيجيّة ضخمة، للنجاح.
مُقتبس من صن تزو "فنّ الحرب" (221-476 قبل الميلاد)

خلال أوّل 100 يوم من تولّي روزفلت منصبه كرئيسٍ للولايات المتّحدة الأمريكيّة، أنشأ "وكالات الأبجديّات"، والمعروفة أيضًا باسم وكالات "الصفقة الجديدة". كما تمّ إنشاء ما لا يقلّ عن 69 مكتبًا خلال فترات ولاية روزفلت العديدة كجزء من "الصفقة الجديدة". وهناك ثلاثة فروع للحكومة. يُسيطر الفرع التنفيذيّ على معظم الوكالات والأجهزة الفيدراليّة. وتحت الفرع التنفيذيّ، يُوجد 15 إدارة تنفيذيّة وحواليْ 254 وكالة فرعيّة. كما أنشأ الكونجرس أيضًا حوالي 67 وكالة مستقلّة وأكثر من إثني عشر مجلسًا وكوميسيون ولجنة.

تتعفّن الشجرة من الجذور. وينتشر النمل الأبيض الفاسد الآن في معظم تلك الفروع التابعة للحكومة الأمريكيّة والهيئات الأساسيّة الّتي تعود إلى القرن التاسع عشر. وممّا قدّره المُحلّل جيمس أ. ثوربر (James Thurber) أنّ عدد لوبيّات الضغط العاملة كان قريبًا من 100000، وأنّ هذه الصناعة الفاسدة كانت تُحقّق 9 مليارات دولار سنويًّا.[70] يُساوي هذا أكثر من الناتج المحليّ الإجماليّ (لسنة 2018) ولأكثر من 50 دولة تحت علم الأمم المتّحدة. وفي الآونة الأخيرة، تزايد نشاط اللّوبيّات تحت الطاولة. حيث استخدم أعضاؤها "استراتيجيّات متطوّرة بشكل متزايد" للتمويه وإخفاء أنشطتهم. وحتّى العدالة معروضة فهي للبيع أيضًا من خلال ملايين المساهمات في حملة "الأموال المُظْلمة"[71]. لقد أطلق حُكْم المحكمة العليا للمواطنين المتّحدين الصادر في يناير 2010 العنان لموجة هائلة من الإنفاق على الحملة الانتخابيّة. فكانت غير أخلاقيّة بأيّ شكل من الأشكال

وفاسدة على جميع الأصعدة. إذْ أنفقت "وول ستريت" مبلغًا قياسيًّا بلغ ملياري دولار في محاولة للتأثير على الانتخابات الرئاسيّة لسنة 2016 في الولايات المتّحدة. واللوبيّات شكل قانونيّ مُفْتَرَض للرشوة أو الابتزاز، وفي أيّ جزء آخر من العالم، يُطلَق عليه "الفساد".

ولطالما خدم النظام البيروقراطيّ الحاليّ أغراضه، خاصّة قبل قرن من الزمن في ظلّ حُكْم روزفلت ذي النيّة الحسنة. ولسوء الحظّ، أصبح العديد من المنظّمات ذات النوايا الحسنة "ضفادع دولة غارقة في مستنقع زيت الثعابين"[72] الموجود في واشنطن العاصمة. فما هي إذَنْ استراتيجيّاتنا وسياساتنا، بالنظر إلى أنّ الكوارث الجيوسيّاسيّة والاقتصاديّة الأخيرة أضعفت بشكل أساسيّ العديد من هذه الأنظمة؟ هل لدينا رؤية وخارطة طريق إستراتيجيّة لمُواجهة هذا النظام العالميّ المُتغيّر؟ نحن نعيش في عصر جديد مُتعدّد الأبعاد بِهِ نحتاج العديد من لوائح الماضي الغامضة للتحوّل إلى نظام عالميّ رقميّ يتناسب والقرن الثاني والعشرين.

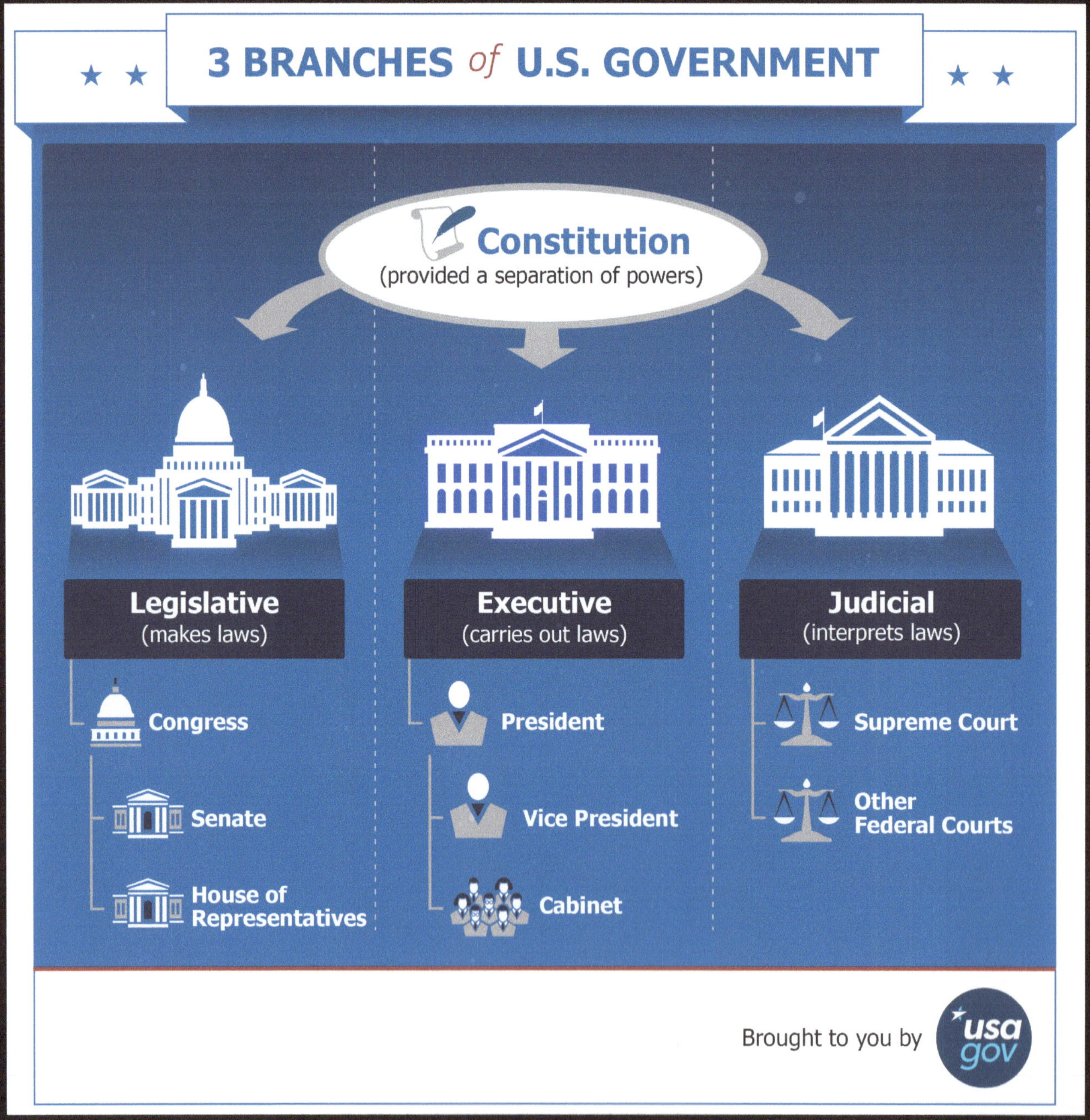

3 BRANCHES *of* U.S. GOVERNMENT

Constitution
(provided a separation of powers)

Legislative (makes laws)	**Executive** (carries out laws)	**Judicial** (interprets laws)
Congress	President	Supreme Court
Senate	Vice President	Other Federal Courts
House of Representatives	Cabinet	

Brought to you by usa gov

"إذا كان عدُوُك آمنًا على جميع المُستويات، فاستعدّ له جيّدًا. وإذا كان ذا قوّة فائقة، راوِغهُ. وإذا كان خصمك مزاجيًّا، حاوِل أن تُغضِبه. تظاهرْ بالضعف، حتّى يُظهر غروره. وإذا أراد نيل قسط من الراحة، لا تتركه يقوم بذلك. وإذا اتّحدت قُواه ، فرّق بينها. هَاجِمْهُ عندما لا يكون مُستعدًا لمواجهتك ومن حيث لا يعلم"
فنّ الحرب لصن تزو (221-476 قبل الميلاد)

الصّين هي الحضارة القديمة الوحيدة المَرنة الّتي تنهارُ لأربع مرّات وتنتعش في كلّ مرّة. ومنذ الانهيار الإمبراطوريّ لحرب الأفيون الأولى (من 1839 إلى 1842) والإذلال الّذي صَاحَبها، سعى كلّ زعيم صينيّ لاستعادة الأمجاد المفقودة في الداخل والخارج. كما أنّ رؤية الحزب الشيوعيّ الصّيني ليست سرًا: فـ"شي جين بينغ" مُصمّم على جعل المملكة الوسطى عظيمة مرّة أخرى. ويستخدم مركز مشاكل السلع إستراتيجيّات وسياسات "جيو-تكنولوجيّة". فتتقدّم الصّين في الطريق نحو التفوّق العالميّ من خلال "طريق الحرير الجديد" (مبادرة الحزام والطريق) وطريق الحرير الرقميّ (DSR) الّذي تبلغ تكلفته عدّة تريليونات من الدولارات، بهدف استعمار آسيا والشرق الأوسط وإفريقيا وأوروبا. ومن خلال هيكلة بنية تحتيّة تجاريّة شاملة للمنتجات الصينيّة، تُقدّم مبادرة الحزام والطريق تحوّلًا استراتيجيًّا طويل المدى للصّين يرتبطُ ارتباطًا وثيقًا بالتكنولوجيا المُتطوّرة والمصالح العسكريّة. وتشمل هذه التكنولوجيا خدمات شبكة G5 والروبوتات والذكاء الاصطناعيّ (AI) والهندسة البحريّة للمصالح الدفاعيّة. وعِوَضَ أساليب الهندسة الماليّة المُبالغ فيها، نحتاج إلى التركيز على إستراتيجيّات "الهندسة القيميّة" الطويلة المدى الطامحة إلى "مدينة مُشرقة بأعلى تلّ".

إنّ الثروة الماليّة هي مجرّد مُنتج ثانويّ. لقد خذل جيلي الشباب. جيل غير مُهيّئ للعصر الرقميّ ويفتقر إلى قدرات STEM المُشار إليها سابقًا. لذا نحتاجُ إلى التخلّي عن "متلازمة النعام" المُتمثّلة في دفن رؤوسنا في الرمال والتعرّف على الديناميكيّات المُتغيّرة للنظام العالميّ. فإذا لم نفعل ذلك، ستُشكّل التنانين الرقميّة كهواوي وعلي بابا وتنسنت وبايدو العالم، وستتأكّد الصين من أنّ هذه التنانين ستترك بصماتها في البلدان الّتي استعمرتها المملكة الوسطى اقتصاديًّا.

وفي الوسط الشعبيّ اليوم، سيكون من الصعب على الولايات المُتّحدة أن تجد قادة لها مثل عائلة روزفلت يُجسّدون مُراجعتها. بل آمل أن تكون الصدمة أقلّ حدّة، فنتقبّل الحقائق كما هي وكما فعل البريطانيّون عندما سلّمونا المشعل، بدلا من الانزلاق إلى الغموض.

"أوْرَدَ ستيف هيلتون: يقول الكثير من الناس أنّ الصّين تسعى إلى تعويض الولايات المُتّحدة كقوّة عالميّة عظمى ... ، هل تعتقد أنّ هذه هي نيّتها؟"

ترامب: "بلى ، فما المانع في ذلك؟ إنّهم أُناسٌ طموحون للغاية. هم أذكياء جدًا. أُناسٌ رائعون. وثقافتهم عظيمة جدًا."

مقابلة مع قناة فوكس نيوز Fox News (19-05-19)

الخاتمة

"يكمن أعلى مستويات التميّز في الفوز بالحرب بدون قتال وليس في القضاء على كلّ خصْم تُواجهه. ونظرًا لكون هدفك هو النصر وليس الخراب، فإنّ ترك الأشياء على حالها سيزيد من مكاسبك إلى أقصى حدّ وسيساعدك على إصلاح الحواجز مع خصمك".

فنّ الحرب لصن تزو (221-476) قبل الميلاد.

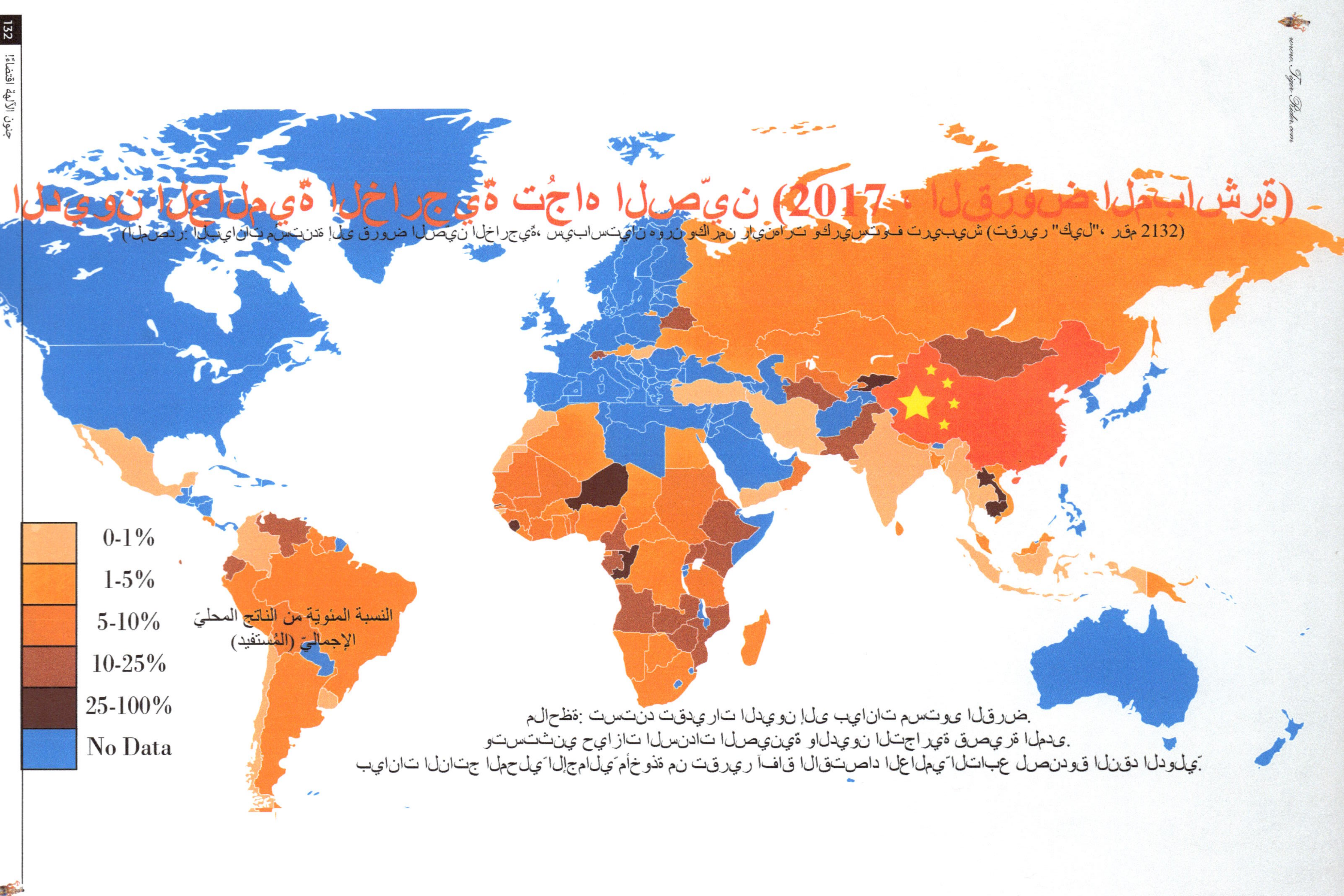
الديون العالمية الخارجية تجاه الصيّن (2017، القروض المباشرة)
(المصدر: البيانات مستندة إلى قروض الصين الخارجية، سيباستيان هورن وكارمن راينهارت وكريستوف تريبيش (تقرير "كيل"، رقم 2132)
0-1%
1-5%
5-10%
10-25%
25-100%
No Data
النسبة المئويّة من الناتج المحليّ الإجماليّ (المُستفيد)
ملاحظة: تستند تقديرات الديون إلى بيانات مستوى القرض.
وتستثني حيازات السندات الصينية والديون التجارية قصيرة المدى.
بيانات الناتج المحليّ الإجماليّ مأخوذة من تقرير آفاق الاقتصاد العالميّ التابع لصندوق النقد الدوليّ.

لقد تمّ التعامل مع اليد الممدودة إلينا. وإذا فشلنا في لعب الورقة الرابحة، ستُرْسل الصّين قريبًا مُرْتَزَقتها لتحصيل الضرائب من الولايات المُتّحدة ومن حوالي 100 دولة استعمرتها اقتصاديًّا ورقميًّا منذ التسونامي الماليّ لسنة 2008.

كشفت جائحة كورونا عن أوجه القصور لدينا. وحتّى بموجب قانون الإنتاج الحربيّ الرئاسيّ، فنحن مُحتجزون كرهائن في الصّين بواسطة أقنعة الوجه M3 المصنوعة هناك ومعدّات الحماية الشخصيّة الضروريّة (PPE).

لقد مثّل الاقتصاد الأمريكيّ الّذي بناه روزفلت حوالي 40٪ (في سنة 1960) من الناتج المحليّ الإجماليّ العالميّ (الناتج المحلي الإجمالي). وتراجعت نسبة تعادل القوّة الشرائيّة إلى أقلّ من 15٪ في حين أنّ الصين زادت من نصيبها في ذلك لتصل النسبة إلى 20٪. وبفضل مخزوننا الاحتياطيّ، لا يزال 79.5٪ من إجماليّ تداولات التجارة العالميّة يتمّ بالدولار الأمريكيّ. ومع هندستنا الماليّة المُبالغ فيها، أهدرنا حُسْن نيّتنا وثقة الدول الأخرى فينا. وإذا لم نُجمّع جهودنا بسرعة، ستصبح إمبراطوريّتنا وشركاتنا في خَطَرٍ.

الآن، الوقت غيرُ مناسب لبناء جدار حول بُرجنا العاجي لتفادي خطر الوقوع في شرك جحيم فخّ الرَهْن. ولا يمكن لأيّ شخص مُستبدٍّ أن يتصدّى للتحدّيات المُتعدّدة الأبعاد والدوّامة الهائلة الناتجة عن "البجعات السوداء" في "الوضع الطبيعيّ الجديد". وبدلاً من الأحاديّة، حان الوقت لصقل مهاراتنا الشخصيّة، والتواصل مع بقية 96٪ من البشريّة، وإعادة تصميم "سفينة نوح" الخاصّة بشركاتنا كما فعل آل روزفلت عندما قادونا إلى الطريق الّتي صرنا به قوّة عُظْمى، قبل قرن من الزمن.

وإذا فشلنا في ذلك، فسيَلْجأُ بعض الشَعْبويّين اليساريّين المُتطرّفين إلى الشيوعيّة (وإعادة توزيع الثروة بشكل مُتَسَاوٍ إلى حدّ مّا)، وسيصبح معظم اليمينيّين "ميليشيا فاشيّة" (رأسماليّة تُسيطر عليها الدولة الاستبداديّة). لقد أضحى بقاء المشروع الأمريكيّ مُتَشابكًا مع توفّر رعاية أبيها الروحيّ وتلاشيها، إمبراطوريّة الولايات المُتّحدة. لقد شهدنا ذلك في القرون الأربعة الماضية، مع أكبر الشركات، مثل شركات الهند الشرقيّة الهولنديّة (~ 10 تريليون دولار) والبريطانيّة (~ 5 تريليون دولار). لسوء الحظ، فإنّ العديد من "ديناصورات شركاتنا" الّتي تمارس الهندسة الماليّة المُبالغ فيها ستقع ضحيّة لنسور الملكيّة الفكريّة (ومُعْظَمُها من الصّين).

نحن في حاجة إلى التعلّم من عائلة روزفلت، الّتي وضعت حجر أساس شركاتنا الرأسماليّة العظمى لتستمرّ لخمسٍ وسبعينَ سنة، تقريبًا. كما يجب أن نقود تحالُفًا لإنشاء "خُطَط مارشال" جديدة لإنقاذ الدُول الّتي استعمرتها الصّين اقتصاديًّا ورقميًّا قبل فوات الأوان.

لذا يجب أن تستند هذه البنية التأسيسيّة إلى:

1. الريادة
2. تعليم العلوم والتكنولوجيا والهندسة والرياضيات (STEM)
3. البحوث والتكنولوجيا الإستراتيجيّة
4. هندسة البنية التحتيّة
5. الهندسة الرقميّة
6. إدارة المعرفة
7. الدبلوماسيّة
8. العملة العالميّة ومعيار الذهب
9. الإلكترو-دولار
10. رأس المال والسيولة
11. الأمن
12. استراتيجيّات التحوّل الرقميّ الكبرى وضوابِطُها

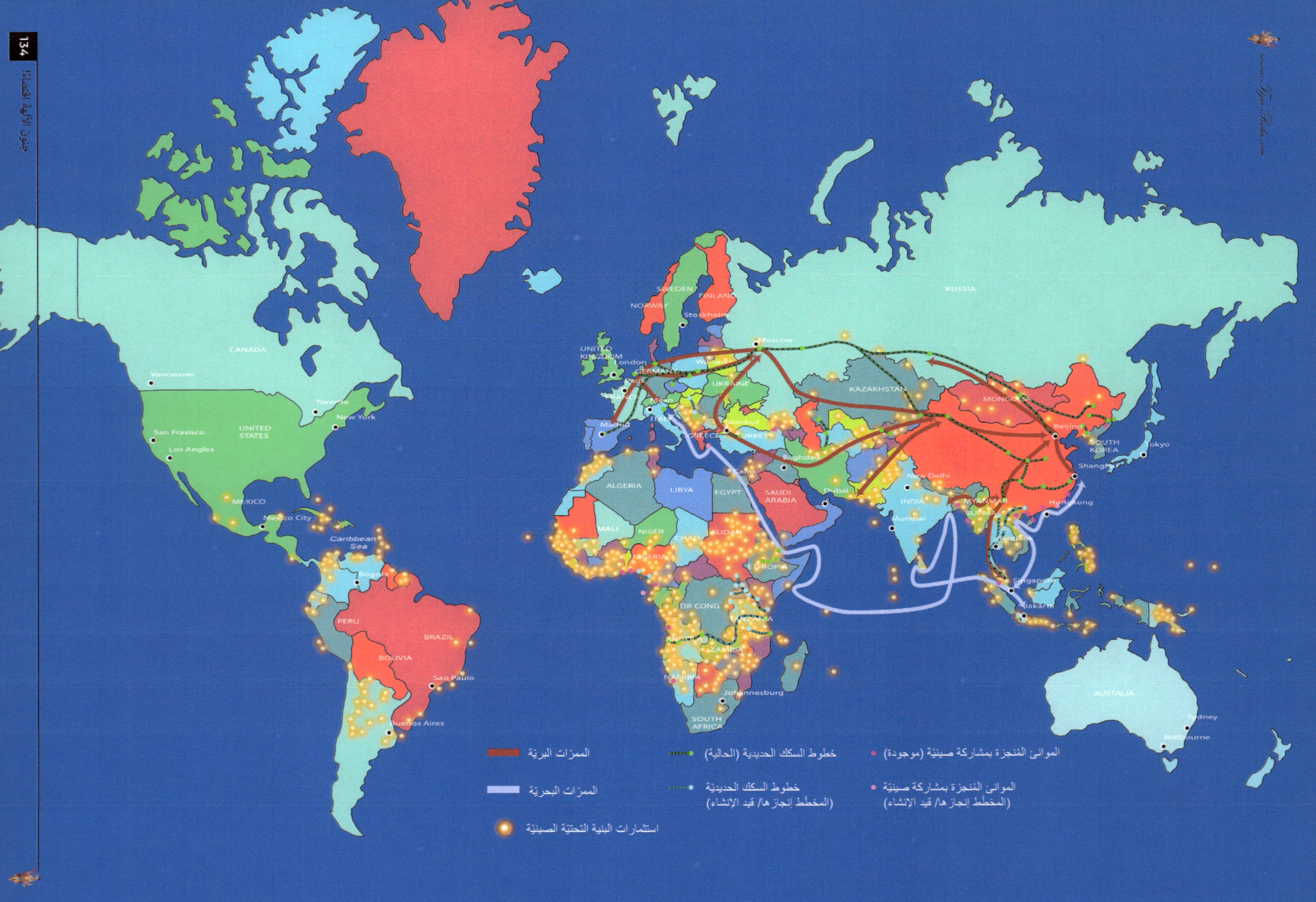

CANADA
Vavcouver
Toronto
New York
UNITED STATES
San Frasisco
Los Angeles
MEXICO
Mexico City
Caribbean Sea
Bogota
PERU
BRAZIL
BOLIVIA
Sao Paulo
Buenos Aires
NORWAY
SWEDEN
FINLAND
Stockholm
UNITED KINGDOM
London
GERMANY
Paris
FRANCE
Madrid
Milan
ITALY
Warsaw
UKRAINE
Moscow
RUSSIA
KAZAKHSTAN
MONGOLIA
Beijing
SOUTH KOREA
Tokyo
Shanghai
Hongkong
Istanbul
GREECE
TURKEY
Baghdad
Cairo
Dubai
New Delhi
INDIA
Mumbai
MYANMAR
Singapore
Jakarta
ALGERIA
LIBYA
EGYPT
SAUDI ARABIA
MALI
NIGER
CHAD
SUDAN
NIGERIA
ETHIOPIA
DR CONG
TANZANIA
ZAMBIA
NAMIBIA
Johannesburg
SOUTH AFRICA
AUSTALIA
Sydney
Melbourne
الممرّات البريّة
الممرّات البحريّة
استثمارات البنية التحتيّة الصينيّة
خطوط السكك الحديدية (الحالية)
خطوط السكك الحديدية (المخطّط إنجازها/ قيد الإنشاء)
الموانئ المُنجزة بمشاركة صينيّة (موجودة)
الموانئ المُنجزة بمشاركة صينيّة (المخطّط إنجازها/ قيد الإنشاء)

كُنت من بين المُتناقضين الّذين توقّعوا حدوث التسونامي الاقتصاديّ لعام 2008، والّذي كان سهلاً نسبيًّا نظرًا لتركيزه في الغالب على الولايات المُتّحدة. هذه المرّة، سال لعاب العدوّ المُتربّص، وأصبحت الصورة مُتعدّدة الأبعاد مع انتشار جائحة كورونا والاضطرابات المدنيّة الّتي تحدث بصفة تحوّلات تكتونيّة (نظريّة الصفائح) عالميّة تقوم بها "أجيال البجعة السوداء". آمُلُ أن أكون مُخطئا في تحليلي هذه المرّة. لذا أشاركك عزيزي القارئ هذا البحث والتحليل طالبا منك تحدّي وجهة نظري الفريدة من نوعها والإصرار على اختبارها والتعليق عليها.

وبهذا تكون الولايات المُتّحدة قد قدّمت هدايا لا تُصدّق إلى المملكة الوسطى من خلال هندستها الماليّة المبالغ فيها وخنق الإوزّة الذهبيّة (خيانة شركاتها المُربحة مقابل القليل من المكافآت الأنانيّة المُقدّمة بالدولار). وإذا لم نخطّط لـ"سفينة نوح" الخاصّة بشركاتنا في العصر الرقميّ الجديد وخلال القرن الثاني والعشرين، فأنا أتوقّع مُستقبلًا يُحاكي "الرايخ الرابع"[73]، حيث سنعمل عبيدًا لدى صاحب القصر الموجود في قمّة الجبل The Man in The High Castle[74]، وهذا من شأنه أن يُحيلنا إلى "نتفلكس" Netflix، الشركة الأمريكيّة لصناعة الأفلام الوثائقيّة.[75]

أمريكا! استيقظي ! نعم، لقد انتهى الشوط الأوّل! [76]

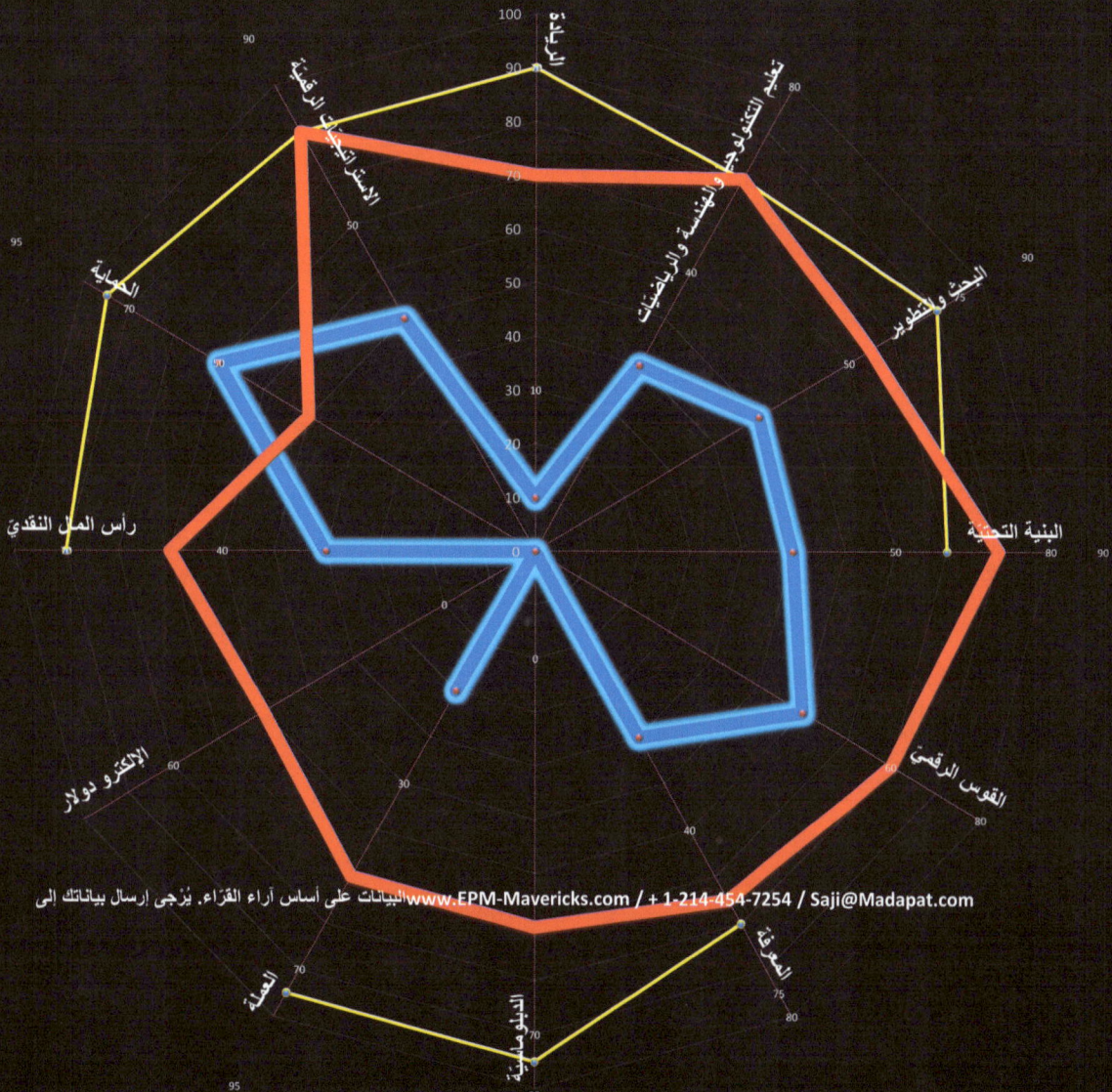

جنون الآلهة اقتضاءً!

لوحة البيانات التنافسيّة بين الولايات المُتّحدة والصّين

(درجات المثال التوضيحيّ للتكاليف)

أمريكا! استيقظي ! نعم، لقد انتهى الشوط الأوّل!

Ay Yi Yai Yi! We are in the middle of The New World Order!

لمحة عن الكاتب

تاريخٌ مُوجزٌ لتجسُّداتي البدويّة

★★★★★★★★★★★★★★★★★★★★★★★★★★★★★★★★★★★★★★

"ليس القتال والانتصار في كلّ معاركنا تفوّقًا كبيرًا؛ لذا يكمن التميّز الأسمى في كسْرِ مقاومة العدوّ من غير قتالٍ"
فنّ الحرب لصن تزو (221-476 قبل الميلاد)

لقد وُلدت وترعرعت في بلاد الله، كيرالا، وهي جنّة استوائيّة في الهند. ففي ولاية كيرالا، نحن أتباع القدّيس توما، وتتلمذنا على أيادي المُبشّرين المسيحيّين الّذين قدموا مع المُستعمرين من البرتغال وفرنسا وبريطانيا. فأدّت نسبة 100 ٪ من السكّان المُتعلّمين والمعايير التعليميّة العالية الجودة في ولاية "كيرالا" إلى العديد من الحركات التقدّميّة، بما في ذلك الشيوعيّة. وتمتلك ولاية كيرالا العديد من السجلّات الفريدة من نوعها، كمعدّل التعافي من فيروس كورونا النموذجيّ والّذي فاق معظم الدول الغربيّة. وهي المكان الأوّل في العالم، الّذي انتُخِب فيه الشيوعيّون ديمقراطيًّا، منذ عام 1957. لقد أرغمتني الصحراء الصناعيّة الناتجة عن النظام الشيوعيّ القسريّ على حزم حقائبي إثر حصولي على شهادتي الجامعيّة في الهندسة الصناعيّة (كنت مُتخصّصا في إدارة الجودة الشاملة) والبحث عن وظيفة في "بومباي" (العاصمة التجاريّة للهند).

وسرعان ما أدركت أن آفاقي خارج "أرض المنشإ" أصبحت محدودة بسبب بشرتي الداكنة (بالإضافة إلى كوني أرتدي اللونجي والـ"كالا مدرسي"). وخوفًا على مستقبلي، هربت إلى الجنوب بعيدًا عن سلّم "المهنة العُنْصريّ". لقد حصلتُ على "ماجستير إدارة الأعمال في الجباية". وبالنسبة لي، انهار الاقتصاد الهنديّ بأكمله سنة 1990 تحت وطأة "رخصة راج الهنديّة القويّة" الّتي بلغ عمرها نصف قرن. وكانت النتيجة اقتصادًا هنديًا مُتحرّرًا. وقد كان التوقيت مُناسبا، حيث أُتيحت لي الفرصة لبدء حياتي المهنيّة كمُحلّل للخدمات المصرفيّة الاستثماريّة. وفقدتُ عملي عندما انهار سوق الأسهم في الهند عام 1996 وتركت وظيفتي في المجال المصرفيّ الاستثماريّ.

سلكت الهند الطريق الاشتراكيّ، وأثناء نزاع السبعينات مع باكستان، أُعْلِنت حالة الطوارئ. وبسبب حرب مع باكستان وغيرها من دول عدم الانحياز، توتّرت العلاقة بين الولايات المتّحدة والهند، ورحلت شركة IBM عن الهند. ولِملْءِ هذا الفراغ، أُنْشِئت شركة TCS وتكتّلات تكنولوجيا المعلومات الهنديّة الأخرى في جوّ من اليأس. لقد قاموا بـ"تشفيرنا" والإستعانة بنا في تكنولوجيا المعلومات لبدء تشغيل أجهزة الكمبيوتر القديمة والحواسيب الضخمة الّتي خلفّتها شركةIBM . وبفضل أكبر خطإٍ فادح في تاريخ الأعمال(Y2K) ، رأت شركة IBM والشركات الغربيّة الأخرى "Cyber Coolies" فينا الحلّ المُقتصد الأنسب لإصلاح الشفرة الرقميّة (كود) ليوم الحساب.

وخلال هذا الوقت، انتقلت من اختصاص تمويل الشركات إلى "حلول تخطيط موارد المؤسّسات" وانتزعت جواز سفري قاصدًا نموذج الرأسماليّة، الولايات المتّحدة الأمريكيّة، في سنة 2000، تورّطت شركة "BaaN Brothers"(ومقرّها هولندا) في الفضيحة الهولنديّة، واندثر "نظام ERP (BaaN) رقم 3" الّذي كُنت أنتهجُهُ.

منذ ذلك الحين، أمضيت أكثر من عقد من الزمن كمُتطوّعٍ في شركة PMI، فقُمتُ بنسخ اسمي بأحرف من ذهب على المعايير الرئيسة لمعهد إدارة المشاريع في هذه المؤسّسة الضخمة (بما في ذلك PMBOK و OPM3 و PP&PM وغيرها) وذلك بفضل منشوراتPMI وكُتبها الخاصّة بي (خاصّة معيار إدارة محافظ المشاريع). حتّى أنّني عملت في مجلس إدارة PPM بشركة Gartner الّتي أصبحت لاحقًا واحدة من بين ثلاث شركات صغرى ومتوسّطة مُتبّعة لمنهجيّة PM SME في شركة E&Y. وفي سنة 2008، وفي خضم كارثة التسونامي الاقتصاديّ، عملت كمستشار لمكتب المدير الماليّ، وأنشأت مكتب "إدارة محافظ المشاريع" لشركة Fortune 10 World الأكثر إثارة للإعجاب. حقّقتُ لهم حوالي نصف مليار دولار من المرابيح، لكنّني صرت ضحيّة لهندستي الماليّة القصيرة المدى. كما استفدتُ من إرث شركة Hyperion Enterprise في التسعينات وانتقلت إلى عالم خياليّ من أجنحة منتجات الإدارة الماليّة وذلك لأجل هندسة ماليّة أكثر بروزًا في عالم شركة الاستشارات " BIG4".

وفي سنة ، حزمت حقائبي مُتّجها إلى الأدغال الكمبوديّة بحثًا عن إجابات من أسفل الهرم من خلال المعهد العالميّ للغد (GIFT الصّينيّ) [77]، وهو معهد ضمن برنامج كلينتون العالميّ للريادة الشبابيّة التنفيذيّة (YLP)

وكلّما فحصت عالم المال والأعمال في الغرب، ازدادت خيبةُ أملي. إذْ فقدتُ الثقة في ركوب السُفُن الدوّارة للأسواق الّتي تتبدّد بسرعة. إنّ 90 ٪ من سوق الأسهم اليوم هي بدون قيم أساسيّة طويلة المدى، فهي تُطارد عمليّات إعادة شراء الأسهم وتغريدات تويتر و عمليّات التيسير الكمّي [78]، و"الدولار الساخن" والمُقامرات الخوارزميّة السريعة المُسيّرة بواسطة الروبوتات. تحيّتي إلى "هرناندو دي سوتو". لقد وُلدت من جديد، إثر مُطالعة كتابه "لغز الرأسماليّة". ومنذ "حادثة الحادي عشر من سبتمبر"، ربحت بضعة دولارات في رهاني ضدّ حكمة السوق الغربيّة التقليديّة من خلال المُقامرة في بترو تشاينا [79] وتوتال. [80]

إثر عودتي من براري حقول القتال الكمبوديّة[81]، جدّدتُ مسيرتي المهنيّة مرّة أخرى، وأصبحت "مُستشارًا لإدارة الأداء" في مؤسّسة (EPM) بعد التسونامي الاقتصاديّ لسنة 2008 في عالم BIG4. فربحت 95٪ من ثروتي الشخصيّة بين عامي 2008 و 2011 من خلال المُراهنة على الحكمة التقليديّة. وعندما تخلّص العالم بأسره من المديونيّة، استفدت إلى أقصى الحدود من بعض العقارات الأكثر شهرة في العالم والتي كانت تخضع لنظام Fire-Sale. إنّ لديّ حصّة عادلة من الدماء المُتدفّقة في عروق يدي مع شركة EPM Financial Engineering وذلك من خلال المصطلحات الفاخرة الّتي ابتكرتها (المعروفة أيضًا باسم خفض التكلفة) كـ"إدارة سلسلة توريد فعّالة ضريبيًا" (TESCM) وتحويل الأعمال/الأموال/ وتكنولوجيا المعلومات و BPR ، و Six Sigma ، وإستراتيجيّة التسعير والربحيّة.

وللتحرّر من الإحساس بالذنب، كنت أشعر بالفخر بعملي كمتطوّع لأكثر من عقد في معهد إدارة مشاريع (PMI)، والّذي يُقدّم خدمات لحوالي 3 ملايين مهنيّ، بما في ذلك أكثر من 500000 عضو في 208 دولة حول العالم. فساهمت في تأليف حوالي 50 كتابًا ومنشورًا وعرضٍ تقديميّ. مثلما شاركتُ في العديد من جوائز مسابقات ريادة الأعمال السنويّة (EOY) في Ernst & Young.

وللأسف، وبعد أكثر من عقدين، بدا لي أنّني في حاجة إلى العودة عبر طريق استرجاع غضب "ماد ماكس" Mad Max هذا وتسلّق ممرّ ضيّق بين الجبال تعلوه أنقاض نهاية عالم روزفلت و حقبة الحنين إلى الرأسماليّة.

طلب متواضع لمراجعة كتابي

★★★★★★★★★★★★★★★★★★★★★★★★★★★★★★★★★★★★★★

أنا متأكّد أنّك استمتعت بمُطالعة هذا الكتاب. أودّ أن تُشاركني بتعليقاتك. وأطلب منك بكلّ لطف أن تُخصّص بضع دقائق لنشر رأيك حول هذا الكتاب على موقع أمازون. إنّ ملاحظاتك ودعمك هامّة لتحسين تقنيات كتابتي للكتب المستقبليّة وجعْل هذا الكتاب ينال أكثر استحسان القُرّاء. هذا "مخطوط حيّ" وسيتطوّر بناءً على نقدك البنّاء. تفاصيل الاتّصال المباشر تجدها على (www.Epm-Mavericks.com) شكرا لك مُقدّما!

المُخْتصرات بالعربيّة

- الملكيّة الفكريّة (IP)
- مبادرة الحزام والطريق(BRI)
- طريق الحرير الرقميّ(DSR)
- إنترنت الأشياء (IoT)
- المملكة الوسطى (الصين)
- حزام واحد ، طريق واحد (OBOR)
- البنك الآسيويّ للاستثمار في البنية التحتيّة (AIIB)
- تعادل القوة الشرائيّة (PPP)
- الناتج المحلي الإجمالي (GDP)
- مشاغل حياة السود (BLM)
- أعمال شغب جورج فلويد (FLOYD)
- لجنة العمل السياسي (PAC)
- المستنقع (واشنطن العاصمة)
- عمليّات الدمج والاستحواذ (M&A)
- فايسبوك أمازون وآبل ونتفلكس قوقل (FAANG)
- المعهد العالمي للغد (GIFT - https://global-inst.com/learn)
- تعليم التكنولوجيا والهندسة والرياضيات (STEM)
- إدارة سلسلة التوريد الفعّالة من الناحية الضريبيّة (TESCM)
- الأتْمَتة الروبوتيّة في نظام السحابة (BOTs)
- الاستعانة بأطراف خارجيّة في العمليّات التجاريّة (BPO)
- الحزب الشيوعيّ الصينيّ (CCP)
- فرانكلين دي روزفلت (FDR)
- ثيودور روزفلت (TR)
- منظّمة التعاون الاقتصاديّ والتنمية (OECD)
- الذكاء الاصطناعي (AI)
- الشراكة عبر المحيط الهادي (TPP)
- جمعيّة الاتّصالات الماليّة العالميّة بين البنوك (SWIFT)
- مركبات الأغراض الخاصّة (SPV)
- شبكة خدمة البلوك تشين (BSN)
- بنك التنمية الجديد (NDB)
- نظام الدفع بين البنوك عبر الحدود (CIPS)

الصور الفنيّة المُسْتخدمة في هذا الكتاب

ثيام ، "رقصة الآلهة": تتمتّع ولاية كيرالا المُبْهجة بموروث ثقافيّ أثرى من أيّ مكان آخر في العالم. "ثيام" هي "رقصة الآلهة". وبها ألوان لامعة (كماهو مُوضّحٌ في الصورة) وطقوسٌ من عصور ما قبل التاريخ. هناك حواليْ 456 نوعًا من الثيام (ثياكولامز) وتُؤدّى هذه الرقصة في منطقة شمال مالابار الهنديّة، وهي تحديدًا مقرّ السُكْنى الخاصّ بي في الهند.

https://www.tiger-rider.com/Client-Galleries/Rhodes

https://en.wikipedia.org/wiki/Theyyam

ثريسور بورام، مهرجان المهرجانات. ثريسور هي العاصمة الثقافيّة للهند، وهي مسقط رأسي. ولطالما حلمت بمشاهدة "بورام Puram " عن كثب - لكنّ هذا كان حُلْمًا مُسْتحيلًا بين مئات آلاف الحاضرين، سنويًا. أخيرًا، مُنِحْت مرّة واحدة في العمر فرصة زيارة مُقدّسة في روستروم Rostrum، دُرْبار المُقدّسةDivine Durbar (من خلال تصريح بالزيارة لضيف صادر عنTrichur Collector) والنفاذ غير المسموح به (تصريح صُحفيّ) إلى كلّ التفاصيل من قبل كلّ من "ثيروفامبادي" Thiruvambadi و "باراميكافو ديفاسفوم" ParammekkavuDevaswom .

https://www.tiger-rider.com/Client-Galleries/Puram

http://en.wikipedia.org/wiki/Thrissur_Pooram

"كاثاكالي، فنّ رواية القصص": كاثاكالي (المالايالامية: കഥകളി) هو شكل رئيس من أشكال الرقص الهنديّ الكلاسيكيّ. إنّها نوع من "مسرحة القصّة" فنّيّا. وتتميّز بالمكياج والأزياء وأقنعة الوجه الملوّنة الّتي يرتديها المُمثّلون والراقصون. كاثاكالي هو فنّ أداءٍ هندوسيّ في منطقة جنوب غرب الهند الناطقة بالمالايالاميّة (لغة كيرالا).

https://www.tiger-rider.com/Client-Galleries/KathakaliICCT
https://en.wikipedia.org/wiki/Kathakali/Galleries/Puram
http://en.wikipedia.org/wiki/Thrissur_Pooram

مصدر صورة الغلاف الأماميّ: صورة روسفلت والرئيس دونالد ج.ترامب يلقيان تصريحات خلال عيد وطنيّ "يوم النصر" الأربعاء ، 5 يونيو 2019 ، في "ساوثسي كامون" في بورتسموث ، إنجلترا. (الصورة الرسميّة للبيت الأبيض مُلتقطة من شيالا كريجهيد)

مصدر صورة الغلاف الخلفيّ: الرئيس دونالد ج.ترامب يحمل نسخة من صحيفة واشنطن بوست خلال إفطار يوم الصلاة الوطنيّ الخميس 6 فيفري من سنة 2020 ، في فندق واشنطن الهيلتون/ واشنطن العاصمة (الصورة الرسميّة للبيت الأبيض مُلتقطة من جويس,ن. بوقوسيان)

ENDNOTES

1 تشيراك هي تسمية أخرى لشيكاغو، إلينوي وتجمع بين شيكاغو والعراق. وتُسْتخدم للإشارة إلى مناطق عنف معيّنة في شيكاغو وتُشَبّهها بمناطق حرب.
https://www.dictionary.com/e/slang/chiraq/#:~:text=Chiraq%20is%20a%20nickname%20for,likening%20them%20to%20a%20warzone

2 في العلوم السياسية ، يصف مصطلح جمهورية الموز دولة غير مستقرة سياسياً ذات اقتصاد يعتمد على تصدير منتج محدود الموارد ، مثل الموز أو المعادن.
https://www.theatlantic.com/politics/archive/2013/01/is-the-us-on-the-verge-of-becoming-a-banana-republic/267048/

3 عمليّة تثبيت الألواح على نوافذ الممتلكات وأبوابها لحمايتها من أضرار العاصفة وحماية الممتلكات غير المستخدمة، أو الشاغرة ، أو المهجورة ، و / أو حمايتها من اللصوص أو المُخرّبين.
https://www.wbez.org/stories/protest-art-has-covered-boarded-up-businesses-will-it-be-preserved/e3db8017-a6ba-4dde-9bc3-3d17f6ee5392

4 على مدار الخمسة آلاف عام الماضية، عُرفت الصّين بالعديد من الأسماء ، لكنّ الاسم الأكثر تقليدية الذي استخدمته هو زهونغو Zhonggou الّذي يعني "المملكة الوسطى" (أو يُترجم أحيانًا المملكة الوسطى).
http://www.learnmartialartsinchina.com/kung-fu-school-blog/why-is-china-called-the-middle-kingdom/#:~:text=Throughout%20the%20last%205000%20years,sometimes%20translated%20as%20Central%20Kingdom)

5 https://www.britannica.com/place/Third-Reich

6 شركة الهند الشرقية الهولندية المعروفة بـشركة الهند الشرقيّة المتّحدة، شركة Vereenigde Oost-Indische Compagnie الهولنديّة، وهي شركة تجاريّة تأسّست في الجمهوريّة الهولنديّة (هولندا الحالية) في عام 1602 لحماية تجارتها في المحيط الهنديّ وللمساعدة في الحرب الهولندية لتحقيق استقلالها عن إسبانيا
https://www.pbs.org/wgbh/roadshow/stories/articles/2013/1/7/dutch-east-india-company-worlds-first-multinational/

7 كانت شركة الهند الشرقيّة شركة إنجليزيّة، تأسّست لاستغلال التجارة مع شرق آسيا وجنوبه والهند بموجب ميثاق ملكيّ في 31 ديسمبر 1600 ، وقد بدأت كهيئة تجاريّة احتكاريّة حتّى تتمكّن إنجلترا من المشاركة في تجارة التوابل الهنديّة الشرقيّة.
https://www.bbc.co.uk/programmes/n3csxl34

8 كانت الصفقة الجديدة عبارة عن سلسلة من البرامج ومشاريع العمل العامّة والإصلاحات الماليّة واللّوائح الّتي سنّها الرئيس فرانكلين د. روزفلت في الولايات المتحّدة بين عامي 1933 و 1939. وقد استجابت لاحتياجات الإغاثة والإصلاح والتعافي من الأزمة الاقتصاديّة المُستفحلة، آنذاك.
https://www.fdrlibrary.org/great-depression-new-deal

9 https://www.npr.org/sections/codeswitch/2013/08/26/215761377/a-history-of-snake-oil-salesmen

10 تُعدّ الأزمة الماليّة العالمية لعام 2008 من بين أكثر الأمثلة الحديثة الدالّة على موجات تسونامي اقتصاديّ. كان سوق الرهن العقاريّ في الولايات المُتّحدة بمثابة حافز في هذه الحالة، حيث أخطأت البنوك الاستثماريّة الكبرى (IBs) في تقدير المخاطر في بعض وسائل الديْن المضمونة.
https://www.investopedia.com/terms/e/economictsunami.asp#:~:text=The%202008%20global%20financial%20crisis,in%20certain%20collateralized%20debt%20instruments.

11 تُعْرف دبلوماسيّة فخّ الديون الدبلوماسيّة على كونها تلك الدبلوماسيّة القائمة على الديون الّتي تتمّ في العلاقات الثنائيةّ بين بلديْن من البلدان ذات النوايا السلبيّة والمزعومة، في كثير من الأحيان. على الرغم من تطبيق المصطلح على ممارسات الإقراض في العديد من البلدان وصندوق النقد الدوليّ، إلاّ أنّه يرتبط حاليًا بجمهوريّة الصّين الشعبيّة.
https://foreignpolicy.com/2020/03/23/china-coronavirus-belt-and-road-bri-boost-debt-diplomacy/

12 مبادرة الحزام والطريق ، المعروفة سابقًا باسم One Belt One Road أو OBOR باختصار ، وهي استراتيجيّة تطوير البنية التحتيّة العالميّة التي اعتمدتها الحكومة الصّينية سنة 2013 للاستثمار في مختلف البلدان والمنظّمات الدوليّة.
https://www.oecd.org/finance/Chinas-Belt-and-Road-Initiative-in-the-global-trade-investment-and-finance-landscape.pdf

13 كانت خطّة مارشال (رسميًا كبرنامج للتعافي الاقتصاديّ الأوروبّي، وهي عبارة عن مبادرة أمريكية تمّ تمريرها في عام 1948 لتقديم مساعدات خارجيّة لأوروبا الغربيّة.
https://history.state.gov/milestones/1945-1952/marshall-plan

14 قُدّمت سياسة "طريق الحرير الرقمي" (DSR) في عام 2015 من خلال كتاب أبيض رسميّ للحكومة الصينيّة باعتباره أحد مكوّنات "مبادرة بكين للحزام والطريق" (BRI). لسنواتٍ، كانت مجموعة من المشاريع أكثر ممّا كانت علامة تجاريّة لأي عمليّات اتّصالات أو عمليّات تجاريّة مُتعلّقة بالبيانات أو مبيعات مُنْتجَات من قِبَل شركات التكنولوجيا الصينيّة الّتي تتّخذ أكثر من 100 دولة في كلّ من إفريقيا أو آسيا أو أوروبا أو أمريكا اللاتينية أو منطقة البحر الكاريبي مقرّاً لها
https://carnegieendowment.org/2020/05/08/will-china-control-global-internet-via-its-digital-silk-road-pub-81857

15 خطّة الألف موهبة (TTP) The Thousand Talents Plan (TTP) (Chinese: 千人计划; pinyin: Qiānrénjìhuà) or Thousand Talents Program (Chinese: 海外高层次人才引进计划; pinyin: Hǎiwàigāocéngcìréncáiyǐnjìnjìhuà)) وُضعت في سنة 2008 من قِبَل الحكومة الصينيّة للتعرّف على الخبراء الدوليّين البارزين وتوظيفهم في البحث العلميّ والابتكار وريادة الأعمال.
https://www.hsgac.senate.gov/imo/media/doc/2019-11-18%20PSI%20Staff%20Report%20-%20China's%20Talent%20Recruitment%20Plans.pdf

16 الوافد (غالبًا ما يتم اختصاره إلى المغترب) هو شخص مقيم في بلد آخر غير بلده الأصليّ.
https://www.merriam-webster.com/dictionary/expatriate

17 https://itif.org/publications/2020/06/22/new-report-shows-unfair-chinese-government-support-huawei-and-zte-has-harmed

18 في الثقافة الروسية ، kompromat ، اختصارًا لـ "معلومات للمساومة" ، هي معلومات ضارّة عن سياسي أو رجل أعمال أو شخصيّات عامة أخرى، تُستخدم لصناعة دعاية سلبيّة، وكذلك للابتزاز.
https://www.newyorker.com/news/swamp-chronicles/a-theory-of-trump-kompromat

19 بعد إنشاء مراكز جسور في آسيا وأوروبا وإفريقيا ، تندفع شركات الذكاء الاصطناعيّ الصّينية الآن إلى أمريكا اللاتينيّة، وهي منطقة تصفها الحكومة الصينيّة بكونها "مصلحة اقتصاديّة أساسيّة". أطلقت فنزويلا مؤخّرًا نظامًا جديدًا لبطاقة الهويّة الوطنيّة يسجّل الانتماءات السياسيّة للمواطنين في قاعدة بيانات أنشأتهاZTE. وقامت الشركات الصّينيّة لسنواتٍ بالترويج للعديد من منتجات المراقبة هذه في معرض أمنيّ في شينجيانغ ، موطن الأويغور .
https://www.theatlantic.com/magazine/archive/2020/09/china-ai-surveillance/614197

20 https://www.theatlantic.com/magazine/archive/2020/09/china-ai-surveillance/614197

21 https://www.brookings.edu/opinions/the-aiib-and-the-one-belt-one-road

22 https://en.wikipedia.org/wiki/List_of_countries_by_GDP_(PPP)

23 https://www.heritage.org/defense/commentary/chinas-defense-spending-larger-it-looks

24 https://youtu.be/2J9y6s_ukBQ

25 https://www.nytimes.com/2018/01/18/us/politics/trump-border-wall-immigration.html

26 https://fee.org/articles/the-medical-cartel-is-keeping-health-care-costs-high/#:~:text=Though%20few%20Americans%20realize%20it%2C%20health%20care%20is%20a%20monopoly.,-Cartels%20Protecting%20Doctors&text=Cartels%20Protecting%20Doctors-,Both%20directly%20or%20indirectly%2C%20the%20AMA%20also%20controls%20the%20prices,payment%20policies%20of%20insurance%20companies

27 https://www.oecd-ilibrary.org/education/education-at-a-glance-2018_eag-2018-en

28 https://educationdata.org/international-student-enrollment-statistics

29 https://www.oecd.org/pisa/pisa-2015-results-in-focus.pdf

30 https://www.sentencingproject.org/wp-content/uploads/2015/11/Americans-with-Criminal-Records-Poverty-and-Opportunity-Profile.pdf

31 https://www.brennancenter.org/our-work/research-reports/citizens-united-explained

32 https://www.marketwatch.com/story/airlines-and-boeing-want-a-bailout-but-look-how-much-theyve-spent-on-stock-buybacks-2020-03-18

33 https://www.marketwatch.com/story/airlines-and-boeing-want-a-bailout-but-look-how-much-theyve-spent-on-stock-buybacks-2020-03-18

34 https://www.imf.org/external/pubs/ft/fandd/2019/09/tackling-global-tax-havens-shaxon.htm

35 النسخة الهنديّة من الإقطاع. كان الزاميندار، في شبه القارّة الهنديّة، حاكما مستقلّا أو شبه مستقلّ لدولة قبلت بسيادة إمبراطور هندوستان. ويعني المصطلح مالك الأرض باللّغة الفارسيّة. وعادة، كان الزاميندارون ورثة يمتلكون مساحات شاسعة من الأرض ويسيطرون على الفلّاحين، الّذين احتفظوا منهم بالحقّ في تحصيل الضرائب نيابة عن المحاكم الإمبراطوريّة أو لأغراض عسكريّة.
https://www.britannica.com/topic/zamindar

36 جوردون جيكو شخصيّة خياليّة لعبت أدوار الشّر في فلم أوليفر ستون الشهير "وول ستريت" عام 1987.
https://review.chicagobooth.edu/behavioral-science/2017/article/moral-ambivalence-gordon-gekko

37 فلم إثارة وخيال علميّ وثيق الصلة بالوضع الاجتماعيّ الحاليّ وعدم المساواة الاجتماعيّة والاقتصاديّة القائمة.
https://www.sonypictures.com/movies/elysium

38 اقتباس عن لغز رأس المال: لماذا تنتصر الرأسماليّة في الغرب وتفشل في كلّ مكان بقلم هيرناندو دي سوتو (المؤلّف https://www.amazon.com/dp/B06XCFW5ZN)

39 https://www.sba.gov/sites/default/files/FAQ_Sept_2012.pdf

40 فلم إثارة وخيال علميّ وثيق الصلة بالوضع الاجتماعيّ الحاليّ وعدم المساواة الاجتماعيّة والاقتصاديّة القائمة.
https://en.wikipedia.org/wiki/Elysium_(film)

41 https://www.cnn.com/2020/01/07/tech/boz-trump-facebook/index.html

42 https://www.swift.com/sites/default/files/documents/swift_bi_currency_evolution_infopaper_57128.pdf

43 https://www.thebalance.com/black-wednesday-george-soros-bet-against-britain-1978944

44 https://en.wikipedia.org/wiki/1997_Asian_financial_crisis#:~:text=Malaysian%20Prime%20Minister%20Mahathir%20Mohamad,sold%20it%20short%20in%201997.

45 https://www.rottentomatoes.com/tv/the_man_in_the_high_castle/s01

46 https://www.rottentomatoes.com/m/american_factory

47 https://en.wikipedia.org/wiki/Snake_oil

48 https://www.imf.org/en/Publications/GFSR/Issues/2019/10/01/global-financial-stability-report-october-2019

49 اسم هذا الكتاب مُقتبس عن الفيلم الكوميديّ لسنة 1980 "جنون الآلهة اقتضاءً"(The Gods must be Crazy)، حيث سقطت زجاجة كوكاكولا فارغة من طائرة على قبائل كانت تعيش في الأدغال الإفريقيّة. كانت الزجاجة هديّة من الآلهة ولكن بعد اندلاع القتال بين القرويّين، قرّر زعيم القبيلة إعادتها إلى الآلهة بالسفر إلى نهاية العالم. ومن خلال رمزيّة زجاجة الكوكاكولا بالنسبة لي، أستطيع أن أرى فجر الإمبراطوريّة الجديدة. إنّ هذا الكتاب بمثابة مُحاولة لإحياء الإمبراطوريّة الحاليّة (الرأسماليّة والشركات) قبل فوات الأوان
https://www.rottentomatoes.com/m/the_gods_must_be_crazy

50 https://global-inst.com

51 https://www.history.com/topics/cold-war/the-khmer-rouge

52 https://en.wikipedia.org/wiki/Snake_wine

53 https://www.cato.org/cato-journal/winter-2018/against-helicopter-money

54 https://www.investopedia.com/terms/g/gordon-gekko.asp

55 https://www.investopedia.com/terms/q/quantitative-easing.asp

56 https://youtu.be/8iXdsvgpwc8

57 "الطلاق بالثلاث" كما هو معروف، يُسمح للزوج بطلاق زوجته بتكرار كلمة "طلاق" ثلاث مرّات بأيّ شكل من الأشكال، بما في ذلك البريد الإلكترونيّ.
https://en.wikipedia.org/wiki/Divorce_in_Islam

58 https://en.wikipedia.org/wiki/List_of_countries_by_GDP_(PPP)

59 https://www.whitehouse.gov/presidential-actions/memorandum-order-defense-production-act-regarding-3m-company

60 https://www.theatlantic.com/education/archive/2018/09/why-is-college-so-expensive-in-america/569884

61 https://www.theregister.com/2021/08/20/china_5g_progress

https://www.mckinsey.com/business-functions/organization/our-insights/getting-practical-about-the-future-of-work 62

https://www.swift.com/sites/default/files/documents/swift_bi_currency_evolution_infopaper_57128.pdf 63

https://data.worldbank.org/indicator/CM.MKT.LDOM.NO?end=2018&locations=US&start=1996 64

https://watson.brown.edu/costsofwar/papers/2021/ProfitsOfWar 65

Saudi Sovereign-Wealth Fund Buys Stakes in Facebook, Boeing, Cisco Systems - WSJ 66

https://www.whitehouse.gov/briefing-room/presidential-actions/2021/09/03/executive-order-on-declassification-review-of-certain-documents-concerning-the-terrorist-attacks-of-september-11-2001 67

https://en.wikipedia.org/wiki/Charlie_Wilson%27s_War_(film), https://www.pbs.org/wgbh/frontline/film/bitter-rivals-iran-and-saudi-arabia/, https://en.wikipedia.org/wiki/Syriana, https://www.pbs.org/frontlineworld/stories/r4.htmlhttps://www.pbs.org/independentlens/films/shadow-world 68

https://www.wsj.com/articles/saudi-sovereign-wealth-fund-buys-stakes-in-facebook-boeing-cisco-systems-11589633300 69

https://en.wikipedia.org/wiki/Lobbying_in_the_United_States 70
https://www.american.edu/spa/ccps/upload/thurber-testimony.pdf

https://www.brennancenter.org/our-work/analysis-opinion/how-campaign-spending-judicial-elections-subverts-justice 71

https://en.wikipedia.org/wiki/Snake_oil 72

https://www.britannica.com/place/Third-Reich 73

https://www.rottentomatoes.com/tv/the_man_in_the_high_castle/s01 74

https://www.rottentomatoes.com/m/american_factory 75

https://youtu.be/8iXdsvgpwc8 76

https://global-inst.com 77

https://www.investopedia.com/terms/q/quantitative-easing.asp 78

http://www.petrochina.com.cn/ptr/index.shtml 79

https://www.total.com 80

https://www.history.com/topics/cold-war/the-khmer-rouge 81

شكر

أُعبّرُ عن امتناني لكلّ من قدّم لي نقدًا بنّاءً وساعدني على الفشل في مواجهة حقائق مُشوّهة استمرّت لثلاثة عقود كاملة. شكر خاصّ لجميع الّذين قدّموا لي وُجْهات نظر مُخْتلفة، بما في ذلك قناة فوكس نيوز Fox News و PBS و Real Vision و FT و HBR وبلومبرج Bloomberg وأناسٌ كراي داليو- Ray Dalio وهيرناندو دي سوتو Hernando de Soto وشاماث باليهابيتيا Chamath Palihapitiya وشارل روز Charlie Rose وأشكر كذلك "المعهد العالميّ للغد" (www.global-inst.com) GIFT.

هذا مخطوط "حيّ" وقابل للتطوّر بناءً على ملاحظاتك
(اتّصل بـ (contact @ www.epm-mavericks.com))

سيتمّ التبرّع بعائدات هذا الكتاب لـ"مهمّة الأمّ تيريزا التبشيريّة والخيريّة) أو مهمّة مماثلة أخرى.

www.ingramcontent.com/pod-product-compliance
Lightning Source LLC
Chambersburg PA
CBHW050913210326
41597CB00002B/108

* 9 7 8 1 9 5 6 6 8 7 1 2 5 *